JN100957

MIKAMI
Masahiro

三上 真寛

: A Fundamental Approach

: 基礎へのアプローチ

Macroeconomics

マクロ経済学

学 文 社

在野の経済学者でもある父に捧げる

まえがき

　本書は筆者が大学で経営学部1年生向けに行っている授業をもとに執筆した教科書である。将来，経営の現場で活躍することになる学生達が学んでおくべき経済学とは何かということを念頭に，経済学のエッセンスを伝えることを目的としている。経済学は初めて登るには険しすぎる山のように感じられるが，適切に整備された登山道があれば，誰でも見晴らしの良いところまで辿り着くことができる。これから経済学を学ぶ大学1年生はもちろんのこと，就職活動や就職を控えた大学3・4年生，そして，経済学を学び直したい社会人の方にも是非手に取って頂きたい。

　本書は前著（『ミクロ経済学：基礎へのアプローチ』）と対をなすものだが，ミクロ経済学とマクロ経済学は別個の分野なので，本書だけでも無理なく完結することができる。両分野は出発点の視点がまったく異なるので，どちらがより関心に合致するか，どちらがより得意かも人それぞれだろう。もしミクロ経済学で挫折してもマクロ経済学に，マクロ経済学で挫折してもミクロ経済学に挑戦してみて頂きたい。

　前著でも述べたことだが，何かを学ぶときに最も難しいのは，見晴らしが良くなるまで学び続けるということである。「実社会で何に使うか，役に立つか」というのはもっともらしい問いに聞こえるが，見晴らしが良くなる前に「何のために登るのか」と問いたくなるのは難儀なことへの拒絶反応かもしれない。経済学は確かに難しい。見晴らしが良くなるまでには若干の忍耐が必要である。しかし，いったん見晴らしが良くなってくると，実社会のなかで目に見えない仕組みを考えるための強力な道具となる。本書は初学者でも見晴らしの良いところまで辿り着けるように，高度な数式による展開は避け，できる限りなだらかな道のりとなるよう試みた。

　他方で，学んだことを盲信せずに疑問を呈するということも大事な作業であ

る。特に経営学や現実の経営実践に照らしたとき，経済理論は非現実的に思われることが多々あるだろう。そのような感覚は失うべきではないし，理論の安易な全否定へと陥らないためにも誤魔化すべきではない。そのため，教科書の類としては異例のことかもしれないが，初学者に学んでいることへの疑問を抱かせるような留保条件や代替的な考え方にもあえて触れることにした。理論を正しく理解し役立てるにはその前提や限界についても深く考察すべきであるし，限界を乗り越えようとしてきた昨今の経済学全体の発展も理解しやすくなる。

　本書においても全体像を示すことに重きがおかれており，以下の章は順番に読んでいくことで最もよく理解できるように構成されている。一部の章の章末には理解を数学的に確認するための簡単な《計算問題》を付した。各章の内容を網羅する問題にはなっていないが，正答も載せてあるので是非試しに解いてみて頂きたい。また，理解をさらに深めるために考えるべき問いを《考察》として付した。これには必ずしも1つの正答があるわけではなく，過去に経済学者の間で議論が交わされた問題や現在でも議論になりうる問題，時と場合によりさまざまな答え方がありうる問題も含まれている。ヒントとなるキーワードを載せたが，インターネット等で調べる前に一度じっくりと考えてみて頂きたい。

　「アプローチ」とは研究対象への接近方法（山頂への道のり）のことであって，「基礎」という言葉同様，必ずしも「簡単」な事柄に留まらない。初学者であっても考えて欲しい事柄や伝えなければならないと思う事柄については，難易度にかかわらず触れるようにしている。もとより万人に分かり易い解説というのは至難の業だが，上記のような執筆方針なので，なおさらに簡略化がすぎる箇所やかえって冗長すぎると感じる箇所もあろう。また，経済学研究の分業を担っている各分野の専門家諸氏からすれば目に余る箇所も多々あることと覚悟している。ご指摘は甘んじて受けて将来の改訂に活かしていきたいが，ひとまずは私なりの案内方法だと思ってご寛恕頂ければ幸いである。

　2020年8月

三 上 真 寛

目　次

第1章
マクロ経済学の対象と方法

1. 経済学の対象と方法

　経済学に隣接する学問分野に**経営学**や**商学**がある。いずれも「経済・経営系」の学問ではあるが，それぞれ研究の対象が異なる。経営学は経済活動に携わるさまざまな組織体（企業等）とその運営や管理の実態を研究し，商学（商業学）は商品の流通過程やそれに伴う運送・保険・金融・貿易などの商行為を研究する。それらに比べて経済学の対象はより広く，社会全体の経済現象を理論的に解明し，その状況を改善する制度や政策を研究する学問分野である。

　経済学のように社会現象を対象とする**社会科学**には，自然現象を対象とする**自然科学**にはない難しさがある。第1に，観察対象が目に見えないという難しさがある。社会現象は，多くの個人間，個人-社会間の複雑かつ膨大な関係から成り立っており，その一部は目に見えたとしてもその全体を実際に目で見ることは難しい。第2に，観察対象が変化しやすい（したがって予測や制御も困難）という難しさがある。社会は人間の思考や行動によって常に変化し，移ろいやすい。第3に，観察者が観察対象の一部であるという難しさがある。観察者自身が観察対象である社会の一員であるため，社会現象の客観的な観察や解釈は難しく，観察のための行為が観察対象に影響を与える恐れもある。第4に，実験ができないという難しさがある。今日ではコンピュータ・シミュレーションや少数の人に対する実験室実験などは行われているが，社会の全体を実験室に入れたり，全く同じ2つの社会を用意して比較対照実験を行ったりする（つまり歴史を巻き戻してやり直す）ことはできない。

　以上のような難しさのほとんどは根本的に解決することができない。それでも経済学は，複雑かつ膨大な社会現象を理解するため，モデルを用いて研究対

1

象に接近し，個々の事柄を法則的・統一的に説明できる理論を探求する。**現実**が現に事実として存在している，ありのままの事柄や状態のことであるとすれば，**理論**はその現実の個々の事柄を法則的・統一的に説明するための知識体系のことである。その際，**モデル**（模型）とは，理論探求のため，対象とする現実を模倣して，その重要な特徴や構造が分かるように単純化したものである。そのようなモデルは，現実そのものではないという意味では理想的・理念的なものだが，現実がモデルに近づくべきだという意味で理想的であるとは限らない。物理学で空気抵抗を無視したモデルを作ったからといって，現実に空気がなくなるべきだと考えているわけではないように，あくまでも理論を構築するにあたって，理想的な条件を想定しているにすぎない。正しいモデルとは，現実のどのような側面を明らかにしたいかという目的に照らして，重要でないと思われる部分をできる限り削ぎ落とし，重要な部分だけを残したモデルであり，常に正しいモデルというものは存在しない。

2. ミクロ経済学とマクロ経済学

ミクロ経済学，マクロ経済学とは，経済現象に対する視点の違いである。

ミクロ経済学の「ミクロ」（マイクロ）とは「微小」，「微視的」という意味である。個々の企業や家計の行動から，市場において需要と供給が均衡し，希少資源がさまざまな用途に効率的に配分されるメカニズムと，それが市場全体にもたらす厚生を分析する。主な分析の単位は，個人（の頭の中）であり，個人がどのように意思決定するかというところから出発し，市場全体の分析に至る。これは膨大な経済現象を顕微鏡で覗くような視点である。

マクロ経済学の「マクロ」とは「巨大」，「巨視的」という意味である。生産，所得，消費，投資，政府支出，輸出入，貨幣量，金利，物価，失業率などの経済変数間の関係によって，一国経済全体の状況とそれを改善する方策を分析する。主な分析の単位は一国（に関する集計量）であり，さまざまな集計さ

れた経済変数から出発し，一国経済全体の分析に至
る。これは膨大な経済現象の景色を眺めるような視点
である。

　ミクロ経済学とマクロ経済学は，視点こそ違うもの
の，無関係ではない。マクロ経済学では，一国経済の
全体を，**家計部門**（国内のすべての家計），**企業部門**（国
内のすべての企業），**政府部門**（国内の中央政府と地方自治体），**海外部門**（海外と
のすべての取引）の4つに分けて把握する。他方，ミクロ経済学に登場する主
な経済主体は，一家計（消費者）と一企業（生産者）である。これらは現実の家
計部門から選んだ特定の一家計，現実の企業部門から選んだ特定の一企業なの
ではなく，あらゆる家計，企業に当てはまるように単純化された一家計，一企
業のモデルである。ミクロレベルで説明される家計，企業の行動様式は，マク
ロレベルで説明される家計部門や企業部門の振る舞いを基礎づけるという関係
にある。

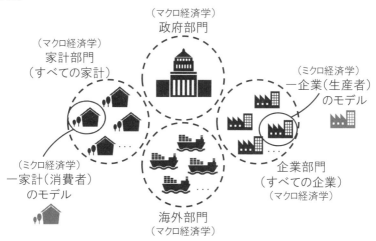

3. マクロ経済学と企業経営

　「**景気**」とは社会全体の経済活動が活発であるか否かの状態を指す言葉であ

る。私たちが景気の良し悪しを話す際には客観的な判断ではなく主観的な印象によることも多いが，そのような「**景況感**」も景気それ自体を左右する重要な要因である。私たちの現状認識や期待が変われば（たとえそれが間違った印象に過ぎなくても），個々の経済活動に影響を及ぼし，社会全体の経済活動の状態にも変化が生じるからである。客観的に景気を判断するには，たとえば，国内でどのくらいのもの（**財・サービス**）が生産されているかを示す**GDP**（**国内総生産**）の金額やその伸び率を見ればよい。しかし，景気動向を読み解くためにはもっと多くの経済変数に注目しなければならない。

　企業経営の立場からすれば，自社の財・サービスにどのくらいの**需要**があるかを見通す必要があり，それに基づいて生産，借入れと設備投資，雇用と賃金，輸出入と生産拠点などの意思決定を行わなければならない。一国全体で考えれば，消費者向けの財・サービス（**消費財**）への支出（**消費**）は家計がどのくらいの**所得**（家計所得）を得ているかにより左右されるだろう。消費の増加が見込まれる場合，企業は**生産**を増やすだろうから，原材料や生産設備など生産者向けの財・サービス（**生産財**）への支出（**投資**）が増えるだろうし，**失業率**が下がり労働者に支払う**賃金**（＝家計所得）が増えるだろう。また，政府の**財政政策**によって財・サービスへの**政府支出**が増えればそれも需要となるし，中央銀行の**金融政策**によって**金利**が下がれば投資のための借入れをしやすくなるだろう。**物価**の変動によって人々の行動が変わり，家計の消費や企業の投資が増えることもあるだろう。さらに，**輸出**に関わる財・サービスの場合は，自国の**貿易政策**や海外の景気動向，**外国為替レート**の変動によって海外からの需要が増えることもあるだろう。

　しかし，以上のような因果関係の全体はあまりにも複雑かつ膨大なので，個々の出来事やニュースに注目しているだけでは全体を見渡すことが難しい。以上では景気にとってプラスの影響だけが生じている状況を描いたが，現実には景気にとってプラスの影響とマイナスの影響とが入り混じり，1つ1つの因果関係の強さ，影響の大きさもさまざまである。全体像を得るには一国経済全体に流れている**マクロ経済循環**（第2章）を理解し，その中の個々のパーツ（第3章

～第5章）を分析のためのモデル（第7章～第10章）として組み立てていかなければならない。また，1つの出来事が別の出来事につながるという因果関係の連鎖があるため，当初の小さな変化が一国経済全体としては大きな変化へと雪だるま式に膨らんでいくこともある。これはマクロ経済学のモデルを使えば，**乗数効果**（第6章）として計算することができる。そして，一国経済と海外との関わり（第11章）についても確認しなければならないだろう。

4. 日本と世界の経済成長

　図1-1は戦後日本の**経済成長率**の推移を表すグラフである。戦後の日本経済の歴史は，概ね4つの期間に分けて捉えることができる。1945～54年の**戦後復興期**，1954～73年の**高度経済成長期**，1973～91年の**安定成長期**，そして1991年以降の「**失われた20年**」と呼ばれた期間である。よく知られているように，高度経済成長期に平均9％を越えていた経済成長率は，安定成長期には平均4％へと鈍化し，1990年代以降は平均1％と低迷を続けている。しかし，これはどのような意味でどのくらい悪い状態なのだろうか。

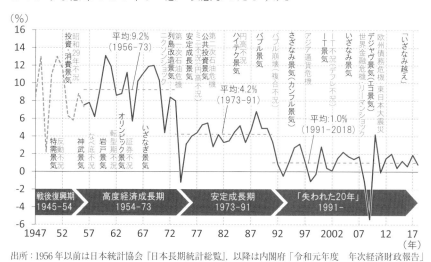

出所：1956年以前は日本統計協会『日本長期統計総覧』，以降は内閣府「令和元年度　年次経済財政報告」

図1-1　日本の経済成長率の推移

経済成長率とは，GDPの**前年比変化率**（前の年に比べて何％増減したか）のことであり，GDP（国内総生産）とは，国内で1年間に生産されたすべての財・サービスの付加価値の総額である。図1-2の太い実線は日本のGDPの推移を示し，線上の1つ1つの点が各年のGDPを示している。各年のGDP（1つの点）を前の年（1つ前の点）と比べて上がったか下がったかを測ったものが点線の成長率であり，さらに物価変動の影響を取り除くと細い実線の**実質GDP成長率**（経済成長率）となる。GDPが前の年に比べて僅かでも上がれば経済成長率はプラスであり，同じならばゼロであり，下がればマイナスである。常に前年が比較基準となるため，GDPが大きく上昇した年の翌年は経済成長率がプラスになりにくく，GDPが大きく落ち込んだ年の翌年はプラスになりやすい。したがって，単年の経済成長率よりもそれが持続するか否かが重要である。たとえば，1％の成長でも20年続けばGDPが約22％増加するし（$(1.01)^{20}=1.2201\cdots$），4％の成長が20年続けばGDPは当初の2倍以上にもなる（$(1.04)^{20}=2.1911\cdots$）。

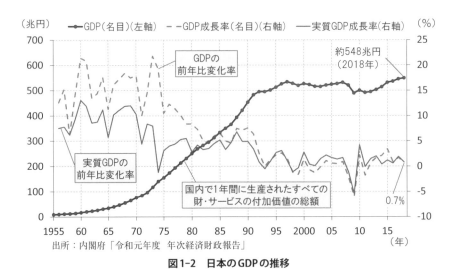

図1-2　日本のGDPの推移

　GDPはさまざまな国と比較することもできる。表1-1は2018年の世界のGDP上位15カ国のGDP，1人あたりGDP，実質GDP成長率を示している。同

6

年の為替レートでアメリカ・ドルに換算して比較すると，日本はアメリカ，中国に次いで世界第3位であり，2010年以降その順位を維持してきた（2009年までは第2位であった）。2018年の世界全体のGDPの合計は約85.7兆ドルであったので，第1位のアメリカだけで全世界の4分の1弱，第1位から第4位の国の合計で全世界の半分以上，第1位から第15位の国の合計で全世界の4分の3以上を占めていることが分かる。

一国のGDPをその国の人口で割った**1人あたりGDP**を見れば，各国内で1人あたりが生み出し享受している経済的価値の大きさを比べることができる。たとえば，表中で中国，インド，ブラジル，ロシア（BRICs）のような国々は上下の国に比べて1人あたりGDPがかなり小さいことが分かる。また，表中（GDP上位15カ国）ではアメリカの1人あたりGDPが最大だが，全世界で2018年の1人あたりGDPが第1位の国はヨーロッパの小国モナコである。大国ほど国民1人あたりがより多くの経済的価値を享受するとも限らない。

GDP上位15カ国について経済成長率（実質GDP成長率）を比較すると（単年で判断すべきではないが），日本に限らず他の先進国でも経済成長率が低迷して

表1-1　世界のGDP上位15カ国（2018年）

国名	GDP （単位：百万USドル）	1人あたりGDP （単位：USドル）	実質GDP成長率 （単位：％）
1. アメリカ合衆国	20,580,223	62,981	2.9
2. 中国	13,608,152	9,617	6.6
3. 日本	4,971,323	39,087	0.8
4. ドイツ	3,949,549	47,993	1.5
5. イギリス	2,855,297	42,889	1.4
6. インド	2,779,352	2,053	6.8
7. フランス	2,778,892	41,169	1.7
8. イタリア	2,084,882	35,164	0.8
9. ブラジル	1,868,613	8,862	1.1
10. 韓国	1,720,489	33,627	2.7
11. カナダ	1,712,562	46,343	1.9
12. ロシア	1,660,514	11,534	2.3
13. オーストラリア	1,453,871	58,689	2.0
14. スペイン	1,419,735	30,599	2.4
15. メキシコ	1,223,401	9,356	2.0

出所：United Nations Statistics Division, National Accounts Main Aggregates Database

いることが分かるだろう。2000年代に新興国と言われていたBRICsについても，中国とインドは比較的高い成長率を維持しているものの，ブラジルやロシアは先進国同様に減速している。GDPの観点から捉える限り，どのような先進国や新興国であっても持続的な経済成長が保証されているわけではない。経済成長の減速は世界の多くの国にとって共通の課題である。

新興国・地域に厳密な定義や基準があるわけではないが，1970年代にはNIEs，1980年代にはアジアNIEs，2000年代にはBRICs，Next11，VISTA，CIVETS，MINTs，MENAなどが，経済成長の見込まれる国・地域として注目を集めてきた。同様に**先進国・地域**にも厳密な定義や基準があるわけではないが，国際経済においては**首脳会議**（サミット）参加国が主要な役割を果たしている。中心は先進7カ国G7（アメリカ，イギリス，フランス，ドイツ，日本，イタリア，カナダ）であり，そこにロシア，EU，新興国11カ国が加わるとG20と呼ばれる。また，**OECD**（経済協力開発機構）には先進国だけでなく新興国も加盟国やパートナーとして参加し，経済発展のための国際協力を進めている。

以上のように一国経済を時系列で見たり，さまざまな国の経済を同時点で比較したりすると，多くの問題が浮かび上がる。一国の経済活動を時系列で見たとき，景気循環（景気変動），つまり好況期と不況期があるのはなぜか。景気循環があるならば，それを予測したり人為的に制御したりすることは可能か。先進国で経済成長率が鈍化する傾向が見られる中，さらなる経済成長はいかにして可能か。そして，さまざまな国の経済を比較したとき，豊かな国と貧しい国，経済成長の速い国と遅い国があるのはなぜか。貧しい国があるならば，その経済発展，貧困の克服はいかにして実現可能か。国と国は経済面でどのような相互依存関係にあるか。これらの問題のすべてがマクロ経済学やその応用分野の課題であるが，いずれの問題を考えるときにもGDPが重要な指標として用いられる。

《**計算問題**》

・経済成長率2%の成長が10年間続いたとき，GDPはおおよそ何%上昇するか。

（答え：21.89%）

・GDPは四半期別の速報値も計算・公表されている。ある四半期（3カ月間）の実質GDP成長率が前期比1%のとき，年率換算（12カ月間）ではおおよそ何%の成長に相当するか。

（答え：4.06%）

《**考察**》

・日本の経済規模は現状で十分だろうか。(ヒント：GDP，1人あたりGDP，経済成長率，時系列比較，国際比較)
・景気の動向は予測できるだろうか。(ヒント：景気動向指数，周期性，複雑系，政策介入，グローバル化)
・先進国において経済成長率が低迷するのはなぜだろうか。(ヒント：少子高齢化，産業構造の高度化，長期停滞論)
・豊かな国と貧しい国があるのはなぜだろうか。(ヒント：資源の偏在，資本蓄積，経路依存性)

第2章
国民経済計算とマクロ経済循環

1. GDPとは何か

国内総生産（GDP: gross domestic product）とは，ある国の国内で1年間（または四半期）に生産されたすべての財・サービスの付加価値の総額である。この定義を理解するためにはさまざまな切り口からの考察が必要である。

第一に，「**付加価値**（value added）」とは何か。付加価値とは，財・サービスの**産出額**から原材料等の**中間投入**を引いた部分のことである。原材料等の中間投入の部分は生産済みの他の財・サービスの価値であるから，重複しないよう計算から除き，新たに付加された価値（付加価値）だけを集計しなければならない。たとえば，図2-1のように，同じ1年間の中で小麦農家が小麦を収穫し，それを製粉業者が小麦粉へと製粉し，それをパン屋が使ってパンを製造したとしよう。小麦農家と製粉業者とパン屋の産出額を合計すると，$50+75+125=250$億円である。しかし，パン屋の産出額には原材料の小麦粉その他の価値も含まれており，小麦粉の産出額には製粉前の小麦そのものの価値も含まれており，小麦の産出額には栽培前の種子等の価値も含まれている。そこで，各段階で用いられた中間投入の部分は除き，新たに付加された価値（付加価値）の部分だけを足し合わせていくと，$(50-25)+(75-50)+(125-100)=75$億円である。この計算方法により，国内で1年間に生産されたすべての財・サービスについて付加価値を計算すると，GDPになる。

第二に，国内総生産の「**国内**（domestic）」とは何か。かつては国内総生産ではなく**国民総生産**（GNP: gross national product）が使われていた。ある国の国民（厳密には半年以上の居住者）によって1年間に生産されたすべての財・サービスの付加価値の総額のことである。「**国民**（national）」という場合，生産がど

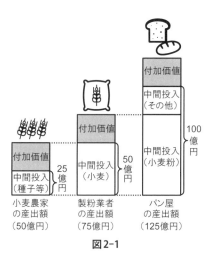

図2-1

こで行われたかではなく，誰により行われたかが基準となる。日本国内で行われた生産のうち海外へ支払う**要素所得**（生産要素に対する賃金，利子，配当，技術料など）は日本のGNPに含まれず，海外で行われた生産のうち日本が受け取る要素所得は日本のGNPに含まれる。他方，「**国内**（domestic）」という場合には，生産が誰により行われたかではなく，どこで行われたかが基準となる。海外で日本企業により行われた生産は日本のGDPに含まれず，日本国内で海外企業により行われた生産は日本のGDPに含まれる。今日では経済のグローバル化によって国境を越えた企業活動が増え，それを含む「国内」の状況を把握することが重要となったが，他方では，海外への要素所得の支払いや海外からの要素所得の受け取りも増えて「国民」の所得を大きく左右している。そのため，生産水準を捉える際には国内総生産（GDP）を使い，所得水準を捉える際には国民総生産（GNP）と等しい**国民総所得**（GNI: gross national income），あるいは**国民所得**（NI: national income）（＝国民総所得－固定資本減耗－間接税＋補助金）を使うというように，両方の視点が使い分けられる。

　第三に，国内総生産の「**総**（gross）」（または「粗」）とは何か。財・サービスの生産には建物・設備・機械等の固定資産も使われており，それらは即座に消滅することはなくても，時間とともに徐々に磨り減ったり壊れたりして次第に

価値が低下しているはずである。そのような固定資産の摩損・損傷・滅失分を**固定資本減耗**と呼ぶ。国内総生産にはこの固定資本減耗が除かれずに含まれており，国内総生産から固定資本減耗を引いたものが**国内純生産**（NDP: net domestic product）である。付加価値を計算するという目的に照らせば，価値の低下分である固定資本減耗は除いて計算するのが正しいが，固定資本減耗を正確に把握することが難しいため，多くの場合，固定資本減耗を含んだままの国内総生産が使われている。

　第四に，異なる時点のGDPを比較する際には物価変動の影響があるため，「**名目**（nominal）」と「**実質**（real）」の区別が生じる。名目GDPは市場価格で集計されたそのままの数値（物価変動に左右される数値）であり，各年の価格と各年の生産量を用いて計算される。実質GDPは物価変動の影響を取り除いて計算された数値（実質的な生産水準を示す数値）であり，基準とする過去の年の価格と各年の生産量を用いて計算される（基準年固定価格方式の場合）。たとえば，昨年と今年でまったく同じものを同じ数だけ生産したとしても，1年で物価が2倍になれば名目GDPは2倍，物価が2分の1になれば名目GDPは2分の1になる。名目GDPでは実質的な変化を正しく捉えられないので，異なる年の間でGDPの変化を捉えたいとき（時系列の比較や成長率の計算など）には，物価変動の影響を取り除いた実質GDPを使わなければならない。

　第五に，「**1年間（または四半期）に**」にはどのような意味があるか。マクロ経済学で用いる経済変数には，フロー変数とストック変数がある。**フロー変数**とは，ある期間に関する経済変数であり，ある一定の期間内に流れた財貨の数量によって計算される。たとえば，GDP，消費，投資，政府支出，財政収支，貿易収支，経常収支などはすべてフロー変数である。他方，**ストック変数**とは，ある一時点に関する経済変数であり，ある一時点に存在している財貨の数量（フローの蓄積）によって計算される。たとえば，貨幣量（マネーストック），国債発行残高，政府債務残高，対外資産負債残高，家計貯蓄額，資本ストック，国民総資産，国富などはすべてストック変数である。図2-2のようなプールに喩えると，ここに貯まっている水の量が「ストック」，上の蛇口から入ってくる

水や下の蛇口から出て行く水の量が「フロー」である。ある一時点にこのプールを見れば，貯まっている水の量（国全体の資産の量）を知ることができるが，蛇口からどのくらいの量の水が流れているか（財やサービスの流れ）は，始めの時点と終わりの時点（つまり，期間）を決めなければ測ることができない。GDPは過去の歴史を通じてどのくらいの富が蓄積されたかではなく，ある1年間（または四半期）にどのくらいの経済活動が行われたかを見る指標なので，ストック変数ではなくフロー変数なのである。

図2-2

2. マクロ経済循環とGDP

　GDPがフロー変数であることからも分かるように，一国経済全体の状況を理解するには財・サービスや貨幣の流れ（**マクロ経済循環**）が重要である。図2-3のように，一国経済の全体には，**家計部門**（国内のすべての家計），**企業部門**（国内のすべての企業），**政府部門**（国内の中央政府と地方自治体），**海外部門**（海外とのすべての取引）の4つの部門と，**財・サービス市場**，金融市場，生産要素**市場**（労働・資本・土地）の3つの市場があり，それぞれの間にはさまざまなモノ（財・サービス）の流れとカネ（貨幣）の流れがある。

　財・サービス市場では，企業が財・サービスを**生産**し供給する。供給された財・サービスに対する需要側の支出は，家計が買えば**消費支出**，企業が買えば**投資支出**，政府が買えば**政府支出**，海外が買えば**輸出**である。輸出とは逆向きの流れが**輸入**である。金融市場では，資金が余っている部門が**貯蓄**し，金融機

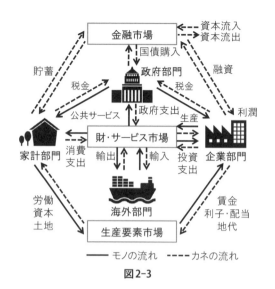

図2-3

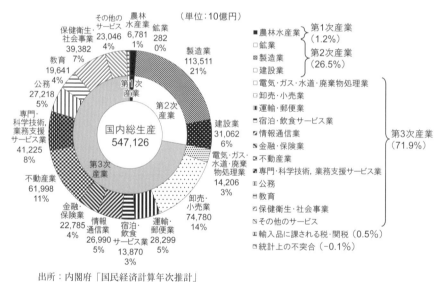

出所：内閣府「国民経済計算年次推計」

図2-4　生産面からみたGDP（2018年）

関の仲介により，資金が不足している部門が**融資**（貸出）を受ける。生産要素
市場では，家計が**労働**を供給し，労働を需要する企業から**賃金**を受け取る。**資**

本や土地を提供する家計は，**利子・配当**や**地代**を受け取る。以上の市場での取引とは別に，政府は**税金**または**国債**発行を財源として**公共サービス**を提供する。

以上のマクロ経済循環を反映するGDPは，3つの側面から捉えることができる。図2-4は**生産面**から見たGDPであり，日本国内のどの産業においてどのくらいの付加価値が生産されたかを示している。今日，農林水産業である第一次産業と，鉱業，製造業，建設業からなる第二次産業の比重は低下し，あらゆるサービス業を含む第三次産業が大部分を占めている。

図2-5は**分配面**から見たGDPまたは**国内総所得**（GDI: gross domestic income）であり，日本国内で生産された付加価値が誰の所得となったかを示している。約半分が雇用者報酬（被雇用者に対する報酬）となり，約2割が営業余剰・混合所得（法人企業や個人企業の所得）となっている。残りは生産・輸入品に課される税から補助金を引いた純間接税（政府の所得）と固定資本減耗（固定資産の摩損・損傷・減失分）である。

図2-6は**支出面**から見たGDPまたは**国内総支出**（GDE: gross domestic expenditure）であり，日本国内で生産された付加価値に対して誰が支出したかを示している。半分以上は家計が支出する民間最終消費支出（消費）である。家計

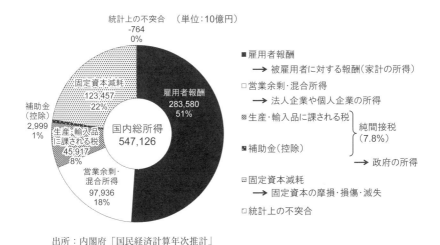

出所：内閣府「国民経済計算年次推計」

図2-5　分配面からみたGDP（2018年）

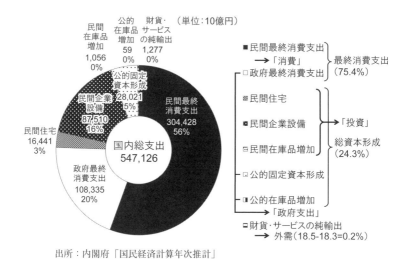

出所：内閣府「国民経済計算年次推計」

図2-6　支出面からみたGDP（2018年）

の住宅購入である民間住宅，企業の設備投資である民間企業設備，企業の在庫投資である民間在庫品増加（売れ残りによる意図せざる在庫を含む）を合わせて投資と呼び，約2割を占める。政府の消費である政府最終消費支出，政府の公共投資である公的固定資本形成，公的在庫品増加を合わせて政府支出と呼び，4分の1ほどを占める。以上が国内の需要（**内需**）である。海外への輸出から輸入を引くと財貨・サービスの純輸出であり，これが海外からの需要（**外需**）である。

　生産面，**分配面**，**支出面**のいずれから見てもGDPの大きさは等しくなっており，これを**三面等価の原則**と言う。まず，国内で生産された付加価値は，マクロ経済循環の中で，必ず誰か（家計か企業か政府）の所得として分配される。企業が受け取った対価のうち，一部は家計に賃金等として支払われ，一部は企業の利潤となり，一部は政府に税金として支払われるので，

　　　GDP ≡ 家計の所得 + 企業の所得 + 政府の所得　　（図2-5参照）

が常に成立する（≡は恒等式，常に成立する式であることを意味する）。さらに，

図2-3の流れをたどると，家計に支払われた賃金等は消費，税金，貯蓄のいずれかに回り，企業が賃金等や税金を支払った後に残る利潤も貯蓄に回るので，

GDP ≡ 家計の所得 ＋ 企業の所得 ＋ 政府の所得 ≡ 消費 ＋ 貯蓄 ＋ 税金

となる。これは生産額 (yield)，消費 (consumption)，貯蓄 (savings)，税金 (tax) の頭文字を使えば，

$$\underset{\text{GDP}}{Y} \equiv \underset{\text{消費}}{C} + \underset{\text{貯蓄}}{S} + \underset{\text{税金}}{T}$$

と表せる。他方，国内で生産されたもの（国産品）と海外で生産され輸入されたもの（輸入品）に対しては，必ず誰か（家計か企業か政府か海外）がお金を支出しているので，

GDP ＋ 輸入 ≡ 消費 ＋ 投資 ＋ 政府支出 ＋ 輸出

したがって，

GDP ≡ 消費 ＋ 投資 ＋ 政府支出 ＋ 輸出 － 輸入　　（図2-6参照）

が常に成立する。これは生産額 (yield)，消費 (consumption)，投資 (investment)，政府支出 (government expenditure)，輸出 (export)，輸入 (import) の頭文字を使えば，

$$\underset{\text{GDP}}{Y} \equiv \underset{\text{消費}}{C} + \underset{\text{投資}}{I} + \underset{\text{政府支出}}{G} + \underset{\text{輸出}}{EX} - \underset{\text{輸入}}{IM}$$

と表せる。以上より，一国経済を事後的に見ると（ある期間について後から集計すると），

生産面 ≡ 分配面 ≡ 支出面

という三面等価の原則が必ず成立することが分かる。

　ちなみに，以上で登場したGDP，GDE，GDI，GNI，NDP，NIなどの**国民勘定体系** (SNA: system of national accounts) 関連指標は，図2-7のような関係

にあり，各指標を構成する項目が分かれば計算によりそれぞれを求めることが可能である。図中の市場価格表示とは市場価格で集計されていることを意味し，要素費用表示とは生産要素に支払われた費用で集計されていることを意味する。市場価格表示と要素費用表示の差額は純間接税の部分である。

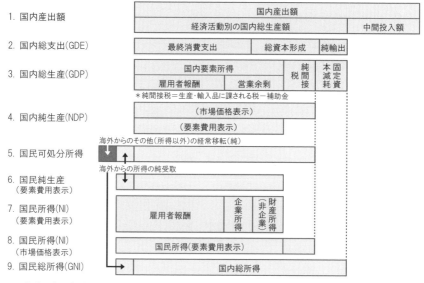

出所：内閣府「新しい国民経済計算（93SNA）」

図2-7

・図2-4〜2-7を参考に，以下の数値のもとでの国内総支出，国内総生産，国内
純生産（市場価格表示），国民所得（要素費用表示），国民総所得を求めなさい。

民間最終消費支出	290	財貨・サービスの純輸出	10
民間住宅	15	海外からの要素所得の純受取	25
民間企業設備	60	雇用者報酬（国内）	250
民間在庫品増加	−5	営業余剰・混合所得	95
政府最終消費支出	100	純間接税	30
公的固定資本形成	4	固定資本減耗	100
公的在庫品増加	1		

（答え：国内総支出475，国内総生産475，国内純生産（市場価格表示）375，
国民所得（要素費用表示）370，国民総所得500）

《考察》

・市場で取引されていない財・サービスで，GDPに含まれているものとそうで
ないものの例は何だろうか。（ヒント：帰属計算，シャドーワーク，リグレッ
タブル・ネセシティ，バッズ）
・国内総生産（GDP）は国の豊かさを考える指標として妥当だろうか。（ヒント：
豊かさ指標，幸福度指標，国際基準，比較可能性，フローとストック）

第3章
財・サービス市場における需要と供給

1. 総需要と総供給

　マクロ経済学では，需要と供給の捉え方がミクロ経済学と異なる。マクロ経済学で考える**総需要**とは，すべての財・サービスに関してすべての部門の需要（どのくらい売れるか）を集計したものであり，一国全体でどのくらいの需要が生じるかは，消費，投資，政府支出，輸出，輸入の大きさに左右される。**総供給**とは，すべての財・サービスに関してすべての企業等の供給（どのくらい作れるか）を集計したものであり，一国全体でどのくらいの供給が可能か（供給能力）は，利用可能な生産要素（労働，資本，土地）の量とその利用の仕方（技術）に左右される。個別の財・サービスの需要・供給を考えるのではなく，すべての財・サービスに関して集計して考えるという点がミクロ経済学との違いである。

　マクロ経済学において最も重要な問いは，総需要と総供給のどちらが一国の**生産水準**（実質GDP）を決定するのかということである。一企業で考えると，売れないものを作り続けることは難しく，作れないものを売り続けることも難しい。一国全体でも同じことが言えるが，総需要と総供給のどちらがより重要かは，市場の**価格メカニズム**がどの程度機能する（と考える）かによって左右される。もし価格メカニズムが十分に機能するならば（市場の価格が伸縮的で変化しやすいならば），総需要を供給側（総供給）に合わせるように**価格調整**が生じ，生産水準が決まる。もし価格メカニズムが十分に機能しないならば（市場の価格が硬直的で変化しにくいならば），総供給を需要側（総需要）に合わせるように**数量調整**（生産量の調整）が生じ，生産水準が決まる。

　マクロ経済学の歴史を振り返ってみると，どちらの見方をとるかは時代によりさまざまである。1920年代までの主流の経済学は**古典派経済学**や**新古典派**

経済学と呼ばれ，今日のミクロ経済学へと続いている。『政治経済学概論』（1803）を著したジャン・バティスト・セイ（Jean Baptiste Say）が**セイの法則**（供給に合わせて需要が生じ，生産水準が決定されるという考え）を示したように，当時の経済学は供給側重視の見方をとっていた。しかし，1930年代に世界大恐慌による深刻な**非自発的失業**（望まない失業）が広がると，ジョン・メイナード・ケインズ（John Maynard Keynes）の『雇用・利子および貨幣の一般理論』（1936）が一世を風靡し，マクロ経済学が誕生した。ケインズは**有効需要の原理**（需要に合わせて供給が行われ，生産水準が決定されるという考え）を示し，需要側重視の見方をとった。**ケインズ経済学**は，総需要が不足しているときには政府が裁量的な財政金融政策によって需要を補い，**完全雇用**（非自発的失業のない状態）を実現すべきだと考えるが，これは「**大きな政府**」（政府規模の拡大）に至りやすい。第二次世界大戦後に経済学の中心がアメリカに移ると，ポール・サミュエルソン（Paul Anthony Samuelson）が『経済学』（1948）を著し，1950年代には**新古典派総合**（短期ではケインズの考え，長期では新古典派の考えをとる見方）を示した。まずは政府が財政金融政策によって完全雇用を実現し，以後は価格メカニズムに任せるという需給両方重視の見方である。しかし1970年代になると持続的なインフレーションと失業が問題となり，ミルトン・フリードマン（Milton Friedman）らによる**マネタリズム**が注目を集めた。裁量的な財政金融政策は無意味かつ不要とし，「**小さな政府**」（政府規模の縮小）を目指す供給側重視の見方である。1980年代はイギリスでサッチャリズム，アメリカでレー

Jean Baptiste Say
（1767-1832）

John Maynard Keynes
（1883-1946）

Paul Anthony Samuelson
（1915-2009）
©Innovation & Business
Architectures, Inc.

Milton Friedman
(1912-2006)

ガノミクスの時代であり，**サプライサイド・エコノミク
ス**（減税等による供給能力の強化が経済成長につながるとい
う理論），**合理的期待形成**（人々は政策の影響を合理的に予
想しているため財政金融政策は無効であるという理論），
実物的景気循環理論（リアル・ビジネスサイクル）（供給能力の変化によって景気循環が
生じるという理論）などに基づく**新しい古典派**が登場し，
供給側重視の見方が発展した。他方で1980年代には**ニ
ュー・ケインジアン**（新しいケインズ経済学）も登場し，
価格・賃金の硬直性を説明する新たな理論に基づいて，需要側重視の見方をと
った。1990年代以降は新しい古典派とニュー・ケインジアンを統合する**新し
い新古典派総合**（新しい総合）が目指され，需給両方に留意した分析枠組みが
築かれつつあったが，2008年の世界金融危機や以後の世界経済の低迷を受けて，
マクロ経済学は今なお見直しを迫られている。

2. 財・サービス市場の需要と供給

　財・サービス市場の需要とは，以上で登場した総需要のことであり，支出面
（需要側）からみたGDPのことである。したがって，総需要を構成する項目は，

$$\underset{GDP}{Y} \equiv \underset{消費}{C} + \underset{投資}{I} + \underset{政府支出}{G} + \underset{輸出}{EX} - \underset{輸入}{IM}$$

の右辺（イコールの右側）である。第2章で見たように，消費とは家計による消
費支出である。投資とは企業による設備投資，在庫投資，家計による住宅投資
の合計であり，売れ残りによる意図せざる在庫増もここに含まれる。政府支出
とは政府による消費，公共投資の合計である。海外への財貨・サービスの輸出
から輸入を引くと純輸出である。

　以上の総需要の構成項目のうち，まず消費について考えよう。家計が消費に
使えるのは，受け取った所得から**税金・社会保険料**を引いた後に残る**可処分所
得**である。一般に家計が行う消費は2つの部分からなり，可処分所得の大きさ

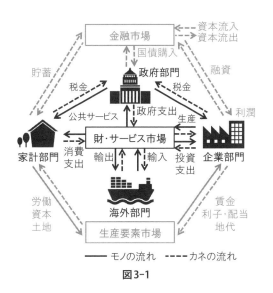

図3-1

によらず一定額が必要な部分を**基礎的消費**，可処分所得の大きさによって支出
額が変わる部分を**選択的消費**と呼ぶ。可処分所得から2種類の消費を行った後
に残る金額は**貯蓄**（ひいては将来の消費）となる。

　たとえば表3-1のように，ある家計が所得から税金・社会保険料として10を
払った後，常に20を基礎的消費に支出し，さらに追加で可処分所得の6割を選
択的消費に支出するとしよう。すると所得が110のとき，可処分所得は所得か
ら税金・社会保険料を引いて110 − 10 = 100，選択的消費は可処分所得の6割な
ので100 × 0.6 = 60，貯蓄は可処分所得から2種類の消費を引いて100 − 20 − 60

表3-1

		110	160	210	260	310
所得		110	160	210	260	310
税金・社会保険料		10	10	10	10	10
可処分所得		100	150	200	250	300
消費	基礎的消費	20	20	20	20	20
	選択的消費	60	90	120	150	180
貯蓄		20	40	60	80	100
※可処分所得の増分		−	50	50	50	50
※消費の増分		−	30	30	30	30

＝20となる（所得が他の金額の場合も確認してみて頂きたい）。この表で所得の増加に伴う可処分所得の増分を調べてみると50ずつ増えており，消費の増分を調べてみると30ずつ増えていることから，常に可処分所得の増分の6割が消費の増分となっていることが確認できる。

　これを一家計でなく家計部門の全体についてモデル化するために，図3-2のように横軸が所得Y，縦軸が消費Cのグラフで消費の決まり方を考えよう。基礎的消費は横軸の所得Yの大きさにかかわらず一定なので，その金額をc_0とすれば高さc_0のところで水平な線（図3-2中の点線）となる。選択的消費は可処分所得$Y - T$（Yは所得，Tは税金）の一定割合なので，その割合（小数）をc_1とすれば$c_1 \times (Y - T)$である。これは所得が大きくなるほど増えるので，右上がりの線となる。基礎的消費と選択的消費を足し合わせると，グラフは2階建てとなり，天井の部分（図3-2中の実線）が消費額の全体を表す**ケインズ型消費関数**である。

$$C = C(c_0, c_1, Y, T) = \overset{\text{基礎的消費}}{c_0} + \overset{\text{選択的消費}}{c_1(Y - T)}$$

これは消費Cがc_0, c_1, Y, Tの4つによって，特に$c_0 + c_1(Y - T)$という式で決まることを意味する。c_1は**限界消費性向**と呼ばれ，可処分所得の増分$\Delta(Y - T)$のうち消費の増分ΔCとなる割合である（デルタ記号Δは変化量，増分を意味する）。

$$c_1 = \frac{\Delta C}{\Delta (Y - T)} \qquad (0 < c_1 < 1)$$

と表され，0と1（つまり0％と100％）の間の値をとる。他方，可処分所得の増分のうち貯蓄の増分となる割合は$1 - c_1$であり，**限界貯蓄性向**と呼ばれる。可処分所得は必ず消費か貯蓄のいずれかになるので，限界消費性向と限界貯蓄性向を足すと必ず1（つまり100％）になる。

　消費だけでなく他の構成項目も考えると，総需要Y^{D}（Dは需要を意味する）は，$Y^{\mathrm{D}} = C + I + G + EX - IM$，つまり，消費$C$に投資$I$，政府支出$G$，純輸出$EX - IM$を加えたものである。それぞれ，投資$I$は金利，政府支出$G$は政府の政策，輸出$EX$は海外の景気，輸入$IM$は所得などに左右されるが，ここ

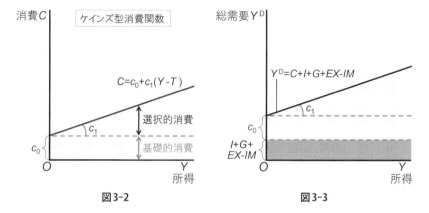

図3-2　　　　　　　　　　　　　図3-3

では単純化のため，いずれも所得 Y によらず一定としよう。図3-3のように横軸が所得 Y，縦軸が総需要 Y^D のグラフに $I + G + EX - IM$ の部分を示すと，高さ $I + G + EX - IM$ のところで水平な線（図3-3下方の点線）となる。ここに先ほどのケインズ型消費関数 $C = c_0 + c_1(Y - T)$ を加えると，グラフは3階建てとなり，天井の部分（図3-3中の実線）が総需要の全体を表す。このグラフから分かるように，総需要は所得の大きさに左右される。

　他方で，総供給について考えてみると，総供給（生産）は常に所得の大きさに等しい。第2章で見たように，生産されたすべての付加価値は家計か企業か政府の所得として分配されるからである（生産面≡分配面）。したがって，総供

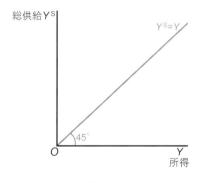

図3-4

給 Y^S（Sは供給を意味する）は $Y^S = Y$ であり，図3-4のように横軸が所得 Y，縦軸が総供給 Y^S のグラフに示すと，原点から45度で右上に伸びる線（45度線）になる。たとえば $(Y, Y^S) = (0, 0)$，$(1, 1)$，$(2, 2)$，$(3, 3)$ …，といった点をすべて通るからである。

3. GDPの決定と有効需要

以上のように，財・サービス市場の需要（つまり総需要）は所得に依存し，$Y^D = C + I + G + EX - IM$である。財・サービス市場の供給（つまり総供給）は常に所得に等しく，$Y^S = Y$である。すると，財・サービス市場で需要と供給が均衡するのは $Y^S = Y^D$ より，$Y = C + I + G + EX - IM$のときであり，図3-5のように2つのグラフを重ね合わせたときの交点で生産・所得の水準（つまりGDP）が決定される。生産・所得水準が均衡点より小さい Y_1 のときは，総需要＞総供給となって超過需要が生じる（生産されている以上に売れる状態である）ため生産が拡大される。生産・所得水準が均衡点より大きい Y_2 のときは，総需要＜総供給となって超過供給が生じる（売れる以上に生産されている状態である）ため生産が縮小される。いったん生産・所得水準が決定されると，生産・所得水準が**均衡所得水準** Y^* のときは，総需要＝総供給となって $Y^S \equiv Y^* \equiv Y^D$ と

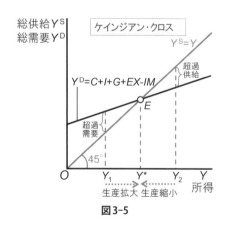

図3-5

いう三面等価の原則が成立しており，生産面（総供給），分配面（所得），支出面（総需要）が事後的に等しい。このモデルはケインズの考案によるもので，図3-5は**ケインジアン・クロス**（ケインズの交差図）と呼ばれている。

　ケインズの**有効需要の原理**によれば，人々の財・サービスへの単なる欲求ではなく，所得の支出に裏付けられた**有効需要**に合わせて供給が行われ，生産・所得の水準と雇用量が決定される。人々が財・サービスを欲していても，それを実際に買えるだけの所得（**購買力**）がなければ財・サービスは売れないからである。この考えに従えば，需要の変化が景気循環（景気変動）を引き起こす。景気の拡大局面では，総需要の増大によって生産（総供給）が拡大し（そのために投資や雇用量・賃金も増大して）所得が増大するため，さらなる総需要の増大につながる。他方，景気の縮小局面では，総需要の減少によって生産（総供給）が縮小し（そのために投資や雇用量・賃金も減少して）所得が減少するため，さらなる総需要の減少につながる。もし総需要の不足によって生産・所得の水準が低下し，非自発的失業（望まない失業）が生じるならば，政策によって総需要を補うべきだという結論に至る。

　経済政策などの外生的要因（所得の変化以外の要因）によって総需要が増大したときには，図3-6のように総需要曲線が上（総需要の軸で増加の方向）に**シフト**（平行移動）し，新たな均衡点まで生産・所得水準が上昇する。総需要の増

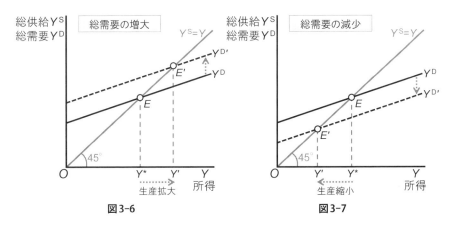

図3-6　　　　　　　　　　　　　　　　図3-7

加が十分であれば，完全雇用（非自発的失業がない状態）が達成される。一般に**財政出動**（拡張的財政政策）と呼ばれるのは，政府支出の増加によってこのように生産・所得水準の上昇を目指す政策である。

　逆に，経済政策などの外生的要因によって総需要が減少したときには，図3-7のように総需要曲線が下（総需要の軸で減少の方向）にシフト（平行移動）し，新たな均衡点まで生産・所得水準が低下する。総需要が減少しすぎると，非自発的失業や遊休設備が生じる。

　均衡所得水準の決定は数式で考えることもできる。総供給が $Y^S = Y^*$，総需要が $Y^D = C + I + G + EX - IM$，消費がケインズ型消費関数 $C = c_0 + c_1(Y^* - T)$ のとき，均衡点では総供給 Y^S と総需要 Y^D が等しいので $Y^S = Y^D$ より，

$$Y^* = C + I + G + EX - IM$$

ここにケインズ型消費関数を代入すると，

$$Y^* = [c_0 + c_1(Y^* - T)] + I + G + EX - IM$$

これを Y^* について整理していくと，

$$Y^* - c_1 Y^* = c_0 - c_1 T + I + G + EX - IM$$
$$(1 - c_1) Y^* = c_0 - c_1 T + I + G + EX - IM$$
$$Y^* = \frac{c_0 - c_1 T + I + G + EX - IM}{1 - c_1}$$

これが均衡所得水準である。このとき基礎的消費 c_0，限界消費性向 c_1，税金 T，投資 I，政府支出 G，純輸出 $EX - IM$ などの数値が分かれば，均衡所得水準も数値として求められる。

・総供給が $Y^S = Y$，総需要が $Y^D = C + I + G + EX - IM$，消費関数が $C = c_0 + c_1 (Y - T)$ であり，基礎的消費 $c_0 = 40$，限界消費性向 $c_1 = 0.7$，税金 $T = 20$，投資 $I = 10$，政府支出 $G = 20$，純輸出 $EX - IM = 10$ のとき，均衡所得水準 Y^* はいくつか。

(答え：$Y^* = 220$)

・他の条件は上と同じで，政府支出が $G = 50$ に増えたとき，均衡所得水準 Y^* はいくつになるか。

(答え：$Y^* = 320$)

《考察》

・自分は消費支出をどのように決めているだろうか。(ヒント：ケインズ型消費関数，基礎的消費，選択的消費)
・現在の可処分所得以外に人々の消費と貯蓄の大きさを左右する要因があるとすれば何だろうか。(ヒント：資産効果，ライフサイクル仮説，恒常所得仮説，相対所得仮説，金利 (第4章参照)，期待インフレ率 (第10章参照)，不確実性)
・すべての財・サービスの総需要や総供給を集計する見方にはどのような限界があるだろうか。(ヒント：価格，数量，品質)
・日本においては「大きな政府」と「小さな政府」のどちらが望ましいだろうか。(ヒント：福祉，国民負担，自由主義，市場の失敗，政府の失敗)

第4章
貨幣市場における需要と供給

1. 資産市場における資産選択

金融市場をフローではなくストックの観点からみるとき，**資産市場**と呼ばれる（図4-1）。資産市場には**貨幣市場**（現金・預金），**債券市場**（国債・社債等），**株式市場**（株式）などがあり，一般には債券市場と株式市場を合わせて**証券市場**と呼んでいる。資産市場において，貨幣市場とその他の資産市場は表裏一体の関係にある。なぜなら，「資産選択」という言葉があるように，人々は金融資産として貨幣とその他の資産を選択しながら保有しているからである。もし人々が貨幣を選ぶならばその他の資産が選ばれず，もしその他の資産を選ぶならば貨幣が選ばれない。その結果，もし貨幣市場に超過需要があればそれはその他

Marie Esprit Léon Walras
（レオン・ワルラス）
（1834-1910）

の資産市場の超過供給に常に等しく，もし貨幣市場に超過供給があればそれはその他の資産市場の超過需要に常に等しい（図4-2）。これを**資産市場におけるワルラス法則**という。

ワルラス法則が成り立つ限り，貨幣市場の状態が分かればその他の資産市場の状態が分かるので，以下では資産選択についてもう少し説明した後，特に重要な貨幣市場の需給を考えることにしよう。

家計の資産選択は**金利**（利子率）に大きく左右される。たとえば表4-1のように，ある家計が現金，銀行普通預金（年利0.1％），債券（年利1％）を持っているとする。それぞれの資産の将来または現在の価値を考えてみると，現金は物価変動がない限り価値が変わらない。銀行普通預金は現在の金額が分かっており年利0.1％であるから，1年後はその1.001倍，2年後

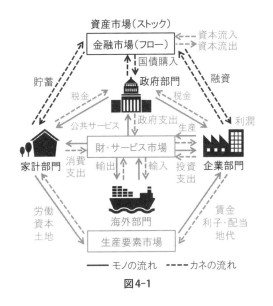

図4-1

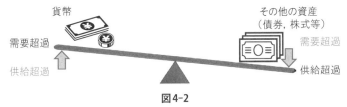

図4-2

表4-1

	現在	1年後	2年後	3年後
現金	1000	1000	1000	1000
銀行普通預金 （年利0.1%）	1000	1000 × 1.001	1000 × (1.001)²	1000 × (1.001)³
債券 （年利1%）	1000 ÷ (1.01)³	1000 ÷ (1.01)²	1000 ÷ 1.01	償還価格 1000

はさらにその1.001倍というように，1年経過するごとに1.001倍となる。これを**複利計算**と言う。もし金利（%でなく小数）がrならば，n年後は$(1+r)^n$倍である（図4-3）。他方，債券は将来返済される金額（**償還価格**）と返済までの期間（**償**

還期間）が先に決まっており，複利計算と逆の発想（**割引現在価値**）を用いて，将来の価値が現在どれだけの価値に相当するかを計算する。表4-1の例では年利1%で3年間であるから，3年後の償還価格から遡ってその1年前は1.01で割り，2年前は1.01で2回割り，3年前は1.01で3回割ることで価値を求められる。もしn年後の価値がx，金利（%でなく小数）がrならば，割引現在価値は$\dfrac{x}{(1+r)^n}$である（図4-3）。

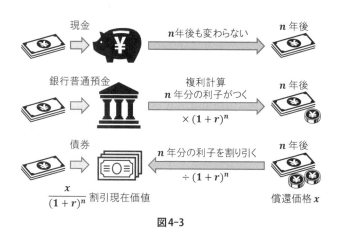

図4-3

　債券とは，国，地方公共団体，金融機関，企業などが将来の返済（**償還**）を約束して資金調達するために発行する有価証券である。株式，投資信託の受益証券などが**不確定利付証券**であるのに対して，債券は利子の大きさが事前に確定している**確定利付証券**である。債券は発行の仕方により2種類ある。**割引債**（**ゼロクーポン債**）は将来返済される金額（償還価格）が決まっており，額面（償還価格）よりも安い価格（利子相当分を割り引いた価格）で発行される。たとえば，発行価格90円，償還価格100円，償還期間10年の債券であれば，100－90＝10円が利子相当分である。**利付債**（**クーポン債**）は将来返済される金額（償還価格）が決まっており，額面（償還価格）に加えて定期的に利子を受け取れるクーポン（利札）が付いている。たとえば，発行価格100円，償還価格100円，償還期間10年，クーポン年1回2円（額面が100円なので表面利率2%という）の債券

であれば，$2 \times 10 = 20$円が利子である。どちらの種類の債券もいったん発行された後は流通市場で売買され，需要と供給により価格が変動する。その際，**債券価格**は金利と逆向きに動くという法則がある。現行の金利が高くなると新規発行債券に比べて発行済み債券（以前の金利で発行された債券）の魅力が下がるので，発行済み債券の価格は下がる。逆に，現行の金利が低くなると新規発行債券に比べて発行済み債券の魅力が上がるので，発行済み債券の価格は上がるからである。

2. 貨幣市場の需要

ケインズの**流動性選好説**によれば，人々が他の資産でなく貨幣を保有するのは，貨幣の**流動性**（いつでも財・サービスの購入に使える性質）のためである。人々は取引動機，投機的動機，予備的動機のために，貨幣（流動性）を手元に保有しようとし，貨幣需要と貨幣供給が均衡する水準で金利が決定される。**取引動機による貨幣需要**（取引需要）とは，取引の支払手段として貨幣を保有することであり，取引の額，ひいては所得水準に比例して必要な貨幣の量も増える。**投機的動機による貨幣需要**（資産需要）とは，価値貯蔵のための資産（リスクのない安全資産）として貨幣を保有することであり，債券価格が高い（金利が低い）場合，資産として債券でなく貨幣が選ばれる。**予備的動機による貨幣需要**とは，将来の予期せぬ支出に備えて貨幣を保有することである。

以上のうち重要な取引動機と投機的動機をモデル化するために，図4-4のように横軸が貨幣量M，縦軸が金利rのグラフで貨幣需要の決まり方を考える。まず，投機的動機による貨幣需要L_2（Lは流動性を意味する）の大きさは金利rによって左右される。人々は貨幣か債券かを選んで保有するが，金利と債券価格は逆向きに動くので，金利rが高くなると債券価格が低くなり，資産として貨幣よりも債券が魅力的になる。すると，債券に対する需要が増加し，貨幣に対する需要（投機的動機による貨幣需要L_2）は減少する。これはグラフでは右下がりの曲線としておこう。次に，取引動機による貨幣需要L_1の大きさは所得

水準Yによって左右される。人々の所得水準Yが高くなると、その所得を使った取引も増えるので、取引の支払い手段として必要な貨幣に対する需要（取引動機による貨幣需要L_1）が増加する。グラフには所得水準Yの軸がないため、ひとまず金利rによらず一定と考え、グラフの左端に挿入しておこう。その分だけ、L_2の曲線は右（貨幣量の軸で増加の方向）へとシフト（平行移動）することになる。以上の取引動機による貨幣需要と投機的動機による貨幣需要を足し合わせると、グラフは2棟続きとなり、右端の傾斜部分が貨幣需要の全体を表す貨幣需要関数である。

$$M^{\mathrm{D}} = L(Y, r) = L_1(Y) + L_2(r)$$

これは貨幣需要M^{D}（Dは需要を意味する）がY, rにより決まるという意味であり、特に所得水準Yによって決まるL_1と金利rによって決まるL_2を足した式で決まるという意味である。$L_1(Y)$の変化は貨幣需要曲線のシフト（平行移動）、$L_2(r)$の変化は貨幣需要曲線上の動きとして表される。このモデルはケインズの考案によるもので、図4-4はケインズの**流動性選好表**と呼ばれている。

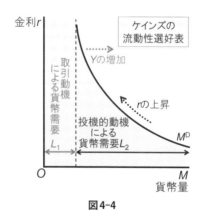

図4-4

3. 貨幣市場の供給

貨幣供給について考える前に、貨幣とは何かを明らかにしておこう。マクロ

経済学における**貨幣**とは，**現金**（紙幣・硬貨）と**預金**（銀行口座）である。他にも支払手段として使えるものにクレジットカード，デビットカード，小切手，手形等があるが，これらは結局は預金からの引き落としにより決済されるため，貨幣には数えられない。経済全体に存在する貨幣の残高（ストック）を**貨幣量（マネーストック）**と呼び，**マネーストック統計**（旧マネーサプライ統計）により，4つの指標に集計されている。

- M1＝現金通貨＋預金通貨
    - ※現金通貨＝日本銀行券発行高＋貨幣流通高 ^{（硬貨）}
    - ※預金通貨＝要求払預金−金融機関保有の小切手・手形
- M2＝現金通貨＋預金通貨＋準通貨＋CD
    - ※準通貨＝定期預金＋据置貯金＋定期積金＋外貨預金
    - ※CD＝譲渡性預金
    - ※M1，M3と異なり，ゆうちょ銀行や一部金融機関は除かれている。
- M3＝現金通貨＋預金通貨＋準通貨＋CD
- 広義流動性＝M3＋金銭の信託＋投資信託＋金融債＋銀行発行普通社債＋金融機関発行CP＋国債＋外債
    - ※CP＝コマーシャル・ペーパー

4つの指標は対象とする通貨の範囲が異なる。最も流動性が高い現金通貨と預金通貨に限ったものがM1，それに準ずる流動性をもつ準通貨とCD（譲渡性預金）を加えたものがM2とM3，流動性をもつ金融商品をすべて加えたものが広義流動性である。M1とM3が全預金取扱機関を対象に集計しているのに対し，M2は旧統計と比較できるように，ゆうちょ銀行や一部金融機関を除いた国内銀行等（旧統計のM2+CDと同じ）を対象に集計している。代表的な指標として用いられているのはM2またはM3である。

　貨幣の供給にたずさわる銀行には**日本銀行（中央銀行）**と**民間銀行（市中銀行）**がある。日本銀行（中央銀行）には3つの機能がある。第1に**発券銀行**として現

金通貨のうち紙幣（日本銀行券）を発行する（補助貨幣である硬貨は財務省が発行して日本銀行に交付している）。第2に**政府の銀行**として国庫金の出納業務，国債の発行・流通・償還，外国為替業務を行う。第3に**銀行の銀行**として民間銀行との預金取引，貸出取引，債券・手形の売買を行う。他方，民間銀行（市中銀行）には**金融仲介機関**としての役割があり，資金余剰の家計・企業から預金を預かり，その一部を政府・民間に貸し出す。他方，民間銀行は預金の引き出しに備えて**支払準備**（現金または中央銀行預け金）を保有しなければならず，預金の一定割合（**法定預金準備率**以上）を日本銀行の当座預金口座に預けなければならない。この**中央銀行預け金**（**預金準備**）の増減によって，民間銀行は他の民間銀行と決済している。

図4-5は日本銀行と民間銀行の関係を表している。家計の間で何らかの支払いを行いたい場合，互いが民間銀行に預金口座を持っていれば，直接現金を渡さなくても振込依頼をすれば済む。同じように民間銀行の間で決済を行いたい場合も，互いが日本銀行に当座預金口座を持っているので，振替依頼をすれば済む。これが日本銀行が銀行の銀行と言われる理由である。民間銀行が資金を必要とする家計や企業に貸出を行うように，日本銀行も民間銀行に貸出をする

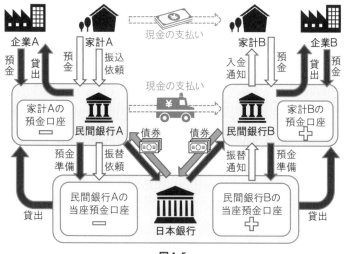

図4-5

ことができる（「**最後の貸し手**」）。また，日本銀行は民間銀行との間で債券を売買することもできる。

　さて，貨幣のうち日本銀行が直接供給する部分は**マネタリーベース**（ハイパワード・マネー，ベースマネー）と呼ばれ，民間に流通している現金通貨（紙幣・硬貨）と日銀当座預金残高（民間銀行の中央銀行預け金）の合計である。日本銀行から民間銀行の日銀当座預金口座へと供給されたマネタリーベースは，民間銀行の貸出による**信用創造**（第6章参照）の過程を経て増加し（一部は預金の引き出しによって現金へと姿を変えて），経済全体の貨幣量（マネーストック）となる。つまり，日本銀行がマネタリーベースを調節すれば，経済全体の貨幣量を間接的にコントロールすることができる。

　マネタリーベースを調節する方法は4通りある。第1は**公開市場操作**であり，日本銀行が金融市場で民間銀行と債券を売買する方法である。**買いオペレーション**（買いオペ）では，日本銀行が民間銀行から債券を買い，その代金としての貨幣を民間銀行に支払うので，マネタリーベースを供給していることになる。マネーストックの増加につながる金融緩和の手段である。他方，**売りオペレーション**（売りオペ）では，日本銀行が民間銀行に債券を売り，その代金としての貨幣を民間銀行から受け取るので，マネタリーベースを吸収していることになる。マネーストックの減少につながる金融引き締めの手段である。第2は**公定歩合操作**であり，日本銀行から民間銀行へ貸出を行う際の**基準貸付利率**（公定歩合）を変更する方法である。基準貸付利率を引き上げることで日本銀行からの貸出が減れば，マネタリーベースは減少する。引き下げることで日本銀行からの貸出が増えれば，マネタリーベースは増加する。加えて，かつては民間銀行の預金金利等が公定歩合に連動するように規制されていたが，金利自由化によって各種の金利は市場で決まるようになった。現在は民間銀行間の貸し借りが主となっているため，この方法はほぼ用いられていない。第3は**預金準備率操作**であり，民間銀行が日本銀行に預けなければならない預金の割合（法定預金準備率）を変更する方法である。法定預金準備率を引き上げれば，貸し出されずに中央銀行預け金（預金準備）として留まる貨幣が増え，マネーストッ

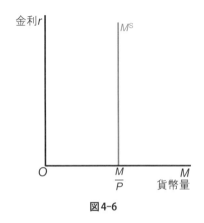

図4-6

クの減少につながる。法定預金準備率を引き下げれば，貸し出されずに中央銀行預け金（預金準備）として留まる貨幣が減り，マネーストックの増加につながる。ただし，現在は法定預金準備率が求める所要準備を大きく上回る**超過準備**が日本銀行に預けられている状況であるため，この方法はほぼ用いられていない。第4は**外国為替市場への介入**（外国為替平衡操作）である。日本銀行が外国通貨を買い，自国通貨の円を支払うと，マネタリーベースを供給していることになる。日本銀行が外国通貨を売り，自国通貨の円を受け取ると，マネタリーベースを吸収していることになる。ただし，この方法を実施する権限は日本銀行ではなく財務省にある。

　貨幣の供給についてもモデル化するために，図4-6のように横軸が貨幣量M，縦軸が金利rのグラフを考える。上記のように供給される貨幣量は中央銀行によって（間接的にではあるが）所定の量にコントロールされているため，金利rによって左右されない。したがって，グラフでは垂直な線（縦軸の値によらず横軸の値が常に一定）となっている。マネーストックをM，物価Pをとるとき，貨幣供給M^{S}（Sは供給を意味する）は，

$$M^{S} = \frac{M}{P}$$

と表される。ここでマネーストックMを物価Pで割っているのは，実質的な

貨幣供給量が物価に左右されるからである。たとえば，同じ1,000円札を持っていても物価が2倍になれば以前の半分のものしか買えなくなってしまうように，実質的に供給できている貨幣の量を見極めるには，物価の影響を取り除いて考えなければならない。

4. 貨幣市場の需給均衡

　以上をまとめると，貨幣需要は所得水準 Y と金利 r に依存し，$M^D = L(Y, r) = L_1(Y) + L_2(r)$ である。貨幣供給は中央銀行によって所定の量に管理されており，$M^S = \frac{M}{P}$ である。すると，貨幣市場で需要と供給が均衡するのは $M^S = M^D$ より，$\frac{M}{P} = L_1(Y) + L_2(r)$ のときであり，図4-7のように2つのグラフを重ね合わせたときの交点で金利が決定される。

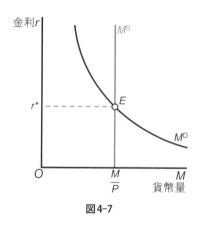

図4-7

　経済政策によってマネーストックが増大したときには実質貨幣供給量が増えるため，図4-8のように貨幣供給曲線が右（貨幣量の軸で増加の方向）にシフト（平行移動）し，新たな均衡点まで金利が下落する。一般に**金融緩和**（拡張的金融政策）と呼ばれるのは，このようにマネーストックの増加と金利の低下を目指す政策である。同様に物価が下落したときにも実質貨幣供給量が増えるため，図4-9のように貨幣供給曲線が右（貨幣量の軸で増加の方向）にシフト（平行移動）

し，新たな均衡点まで金利が下落する。

　他方，所得水準が増大したときには取引動機による貨幣需要が増えるため，
図4-10のように貨幣需要曲線が右（貨幣量の軸で増加の方向）にシフト（平行移
動）し，新たな均衡点まで金利が上昇する。

　マネーストックの減少，物価の上昇，所得水準の減少の場合には，それぞれ
のグラフで逆向きの変化が生じることが分かるだろう。

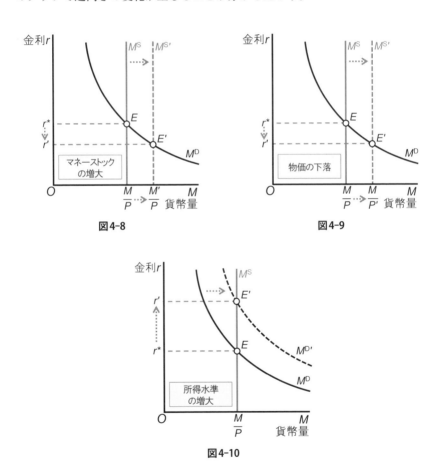

図4-8　　　　　　　　　　　　　　　　図4-9

図4-10

・貨幣供給が$M^S = \dfrac{M}{P}$，貨幣需要が$M^D = L_1(Y) + L_2(r)$，取引動機による貨幣需要が$L_1(Y) = Y$，投機的動機による貨幣需要が$L_2(r) = -10000r + 1000$であり，マネーストック$M = 20000$，物価$P = 100$，所得水準$Y = 100$のとき，貨幣市場の均衡における金利r^*はいくつか。

（答え：$r^* = 0.09$）

・他の条件は上と同じで，マネーストックが$M = 30000$に増えたとき，貨幣市場の均衡における金利r^*はいくつになるか。

（答え：$r^* = 0.08$）

《考察》

・自分が貨幣を保有しているのはなぜだろうか。（ヒント：取引動機による貨幣需要，投機的動機による貨幣需要，予備的動機による貨幣需要）

・ある水準まで金利が下がったとき（債券価格が上がったとき），すべての人々が資産として債券よりも貨幣を選択するとしたら，貨幣需要曲線はどのような形になるだろうか。（ヒント：流動性の罠（第8章参照））

・金利や所得水準以外に人々の貨幣需要の大きさを左右する要因があるとすれば何だろうか。（ヒント：予備的動機，リスク，不確実性）

・中央銀行が一定にコントロールしている（できる）のが貨幣量ではなく金利であるとしたら，貨幣供給曲線はどのような形になるだろうか。（ヒント：内生的貨幣供給）

第5章
労働市場における需要と供給

1. 労働と余暇

　生産要素市場の1つである労働市場では，家計が労働を供給し，労働を需要する企業から賃金を受け取っている（図5-1）。家計は時間という限られた**希少資源**をさまざまな活動に配分して生活しているので，**労働**と**余暇**（労働以外のすべての活動）は一方をとれば他方をとれない**トレードオフ**の関係にある。労働時間を増やすと**賃金**を得られるが，その時間を余暇に使うことはできなくなる。余暇時間を増やすと何らかの**効用**（満足）を得られるが，その時間を労働に使って賃金を得ることはできなくなる。得られなくなった賃金は労働していれば得られたはずの逸失利益であり，そのような逸失利益のことを経済学では

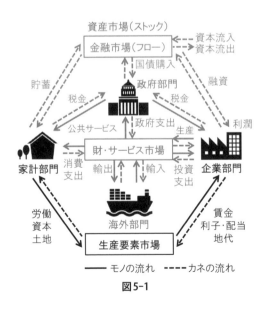

図5-1

機会費用と呼ぶ。もし賃金が上昇すれば，余暇時間を増やすこと（労働時間を減らすこと）の機会費用が増すので，家計は余暇時間を減らして労働時間を増やそうとするはずである。

　たとえば，ある家計が1日あたり最短4時間，最長8時間の間で労働して賃金を得るが，この家計にとっては1時間の余暇にも1,250円の効用（満足）があるとしよう。表5-1のように賃金（時給）が1,000円のときは，この家計にとって1時間の余暇は機会費用（失うもの）よりも効用（得るもの）の方が大きいため，労働時間を最短にし余暇時間を最長にしようとするはずである。賃金（時給）が1,250円のときは，この家計にとって1時間の余暇は機会費用（失うもの）と効用（得るもの）が等しいため，最短と最長の間のどこで労働時間を決めても違いがない。賃金（時給）が1,500円のときは，この家計にとって1時間の余暇は効用（得るもの）よりも機会費用（失うもの）の方が大きいため，労働時間を最長にし余暇時間を最短にしようとするはずである。したがって，この表のように，一般に賃金が上昇すると労働供給は増える傾向にある。

表5-1

賃金（時給）		1,000	1,250	1,500
1時間の余暇の機会費用		1,000	1,250	1,500
1時間の余暇の効用		1,250	1,250	1,250
1日あたりの持ち時間		24	24	24
	1日あたりの労働時間	4	4～8	8
	1日あたりの余暇時間	20	16～20	16
1日あたりの受取所得		4,000	5,000～10,000	12,000

2. 労働市場の需要と供給

　図5-2のように横軸が労働L，縦軸が**実質賃金**$\dfrac{w}{P}$のグラフで労働需要と労働供給を考えよう。名目賃金wを物価Pで割った実質賃金$\dfrac{w}{P}$を考えるのは，賃金で実質的に購入できる財・サービスの量（購買力）が物価に左右されるからである。たとえば，賃金が1,000円のとき，パンが1個100円のときには10

個買えるが，パンが1個200円のときには5個しか買えない。同じ1,000円でも物価が変われば実際に買えるものの量は変わるので，労働者が気にすべきなのは1,000円という金額そのもの（名目賃金）ではなくてその金額でパンをいくつ買えるか（実質賃金）なのである。さて，労働の需要側を考えてみると，企業は実質賃金が低いほど，より多くの労働者をより長い時間（生産水準に応じて）雇用しようとするので，**労働需要**L^D（Dは需要を意味する）は右下がりの曲線となる。労働の供給側を考えてみると，実質賃金が高いほど，より多くの労働者がより長い時間労働しようとする（余暇を減らす）ので，**労働供給**L^S（Sは供給を意味する）は右上がりの曲線となる。労働需要曲線と労働供給曲線の交点では労働市場の需要と供給が均衡し，実質賃金$\frac{w^*}{P}$で働きたい人がすべて働けている**完全雇用**の状態（非自発的失業のない状態）である。実質賃金が均衡点より高い$\frac{w'}{P}$のときは，労働需要＜労働供給となって超過供給（**非自発的失業**）が生じる。実質賃金が均衡点より低い$\frac{w''}{P}$のときは，労働需要＞労働供給となって超過需要（人手不足）が生じる。しかし，**古典派経済学**や**新古典派経済学**の見方によれば，超過供給や超過需要が生じているときには名目賃金wが伸縮的に調整されて，労働市場は常に均衡に至る。

　ケインズ経済学の見方によれば，労働市場はこのようにうまくは調整されない。さまざまな要因により，**名目賃金の下方硬直性**（一度実現された名目賃金が容易には低下しない性質）が生じうるからである。たとえば，**労働組合**が労働

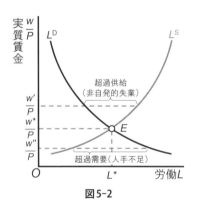

図5-2

者の雇用条件を守るために存在し，賃金の引き下げに反対する。**効率賃金仮説**によれば，賃金が高いほど労働者の生産性が高くなって企業の利潤がむしろ増えるので，企業が進んで高い賃金を支払う。**貨幣錯覚**によって人々は表面上の貨幣額に囚われるため，物価が下落する（賃金が実質的に上昇する）ときでも賃金の引き下げに反対する。また，以上のように賃金の引き下げが困難であることを企業が認識すれば，たとえ好況期であっても賃金が容易には上昇しない性質（**名目賃金の上方硬直性**）も生じうるだろう。名目賃金が硬直的な場合，現行の実質賃金において労働供給と労働需要の少ない方で実際の雇用量が決定される。物価Pが一定のもとで考えれば，図5-3のように，名目賃金がw_1，実質賃金が$\frac{w_1}{P}$のときの雇用量はL_1となり，名目賃金がw_2，実質賃金が$\frac{w_2}{P}$のときの雇用量はL_2となり，名目賃金がw_3，実質賃金が$\frac{w_3}{P}$のときの雇用量はL_3となる。実質賃金が$\frac{w_1}{P}$のときは労働の超過供給（非自発的失業）が生じているが，名目賃金が硬直的であると，この非自発的失業が解消されないことになる。

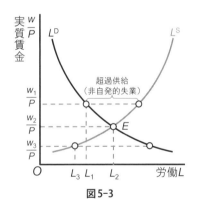

図5-3

では，物価が変わるとどうなるだろうか。名目賃金wが不変で，物価がP_1，P_2，P_3（$P_1 > P_2 > P_3$）の順で下落していくと，実質賃金は$\frac{w}{P_1} < \frac{w}{P_2} < \frac{w}{P_3}$の順で上昇していく。実質賃金$\frac{w}{P}$という分数の形から分かるように，分母$P$が小さくなる（物価が下がる）と，分数$\frac{w}{P}$（実質賃金）は大きくなるからである。図5-4のように，実質賃金が$\frac{w}{P_1}$のときには物価下落（$\frac{w}{P_2}$への実質賃金上昇）は超過需要（人手不足）の解消につながるが，実質賃金が$\frac{w}{P_2}$のときには物価下落

（$\frac{w}{P_3}$への実質賃金上昇）は超過供給（非自発的失業）を招くことになる。逆に，名目賃金wが不変で，物価がP_1, P_2, P_3（$P_1 < P_2 < P_3$）の順で上昇していくと，実質賃金は$\frac{w}{P_1} > \frac{w}{P_2} > \frac{w}{P_3}$の順で下落していく。実質賃金$\frac{w}{P}$という分数の形から分かるように，分母$P$が大きくなる（物価が上がる）と，分数$\frac{w}{P}$（実質賃金）は小さくなるからである。図5-5のように，実質賃金が$\frac{w}{P_1}$のときには物価上昇（$\frac{w}{P_2}$への実質賃金下落）は供給超過（非自発的失業）の解消につながるが，実質賃金が$\frac{w}{P_2}$のときには物価上昇（$\frac{w}{P_3}$への実質賃金下落）は超過需要（人手不足）を招くことになる。

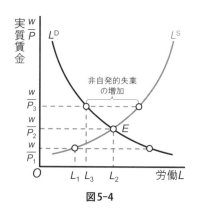

図5-4

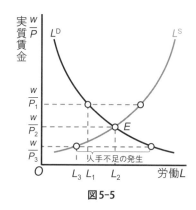

図5-5

　景気が改善すると，財・サービスへの需要が増えて企業が生産を増やすため，労働需要が増加する。景気改善による労働需要増加は，実質賃金（名目賃金wと物価Pで決まる）以外に原因があるため，図5-6のように労働需要曲線そのものが右（労働の軸で増加の方向）へとシフト（平行移動）する。労働需要曲線が右にシフトすると，元の実質賃金のままでは超過需要（人手不足）が生じるため，実質賃金に上昇圧力が生じる。実質賃金が上昇すれば新たな均衡点に向かって労働供給も増えていき，労働市場の需要と供給が再び均衡する。

　他方，労働力人口が減少すると，働き手が減って労働供給が減少する。労働力人口減少による労働供給減少は，実質賃金（名目賃金wと物価Pで決まる）以外に原因があるので，図5-7のように労働供給曲線そのものが左（労働の軸で減

少の方向）へとシフト（平行移動）する。労働供給曲線が左にシフトすると，元の実質賃金のままでは超過需要（人手不足）が生じるため，実質賃金に上昇圧力が生じる。実質賃金が上昇すれば新たな均衡点に向かって労働需要も減っていき，労働市場の需要と供給が再び均衡する。

　景気の悪化や労働力人口の増加の場合には，それぞれのグラフで逆向きの変化が生じることが分かるだろう。

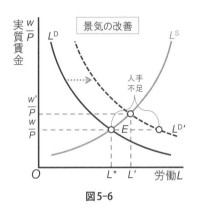

図5-6

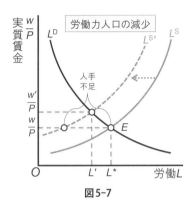

図5-7

3. 失業の定義と統計

　マクロ経済学では3種類の失業を区別する。**自発的失業**は，労働者に現行の実質賃金で働く意志がなく（現行の実質賃金に不満で），労働よりも余暇を選択するために生じる失業である。**非自発的失業（不完全雇用）**は，労働者には現行の実質賃金で働く意志があるにもかかわらず，有効需要の不足によって企業の雇用量が減少したために生じる失業である。ケインズは特にこの種類の失業をなくすために，有効需要の不足を経済政策で補うべきだと考えた。**摩擦的・構造的失業（ミスマッチ失業）**は，労働の産業間・地域間・職業間移動が不完全にしか行われないために生じる失業である。たとえば，需要の変化に応じて供給される財・サービスが変われば，労働がもっと必要な産業とそうでない産業が生じる可能性がある。労働が不要な産業から必要な産業へと働き手がスムー

ズに転職できれば良いが，そのような調整には時間がかかるので一時的に失業が生じてしまう（摩擦的失業）。また，働く側が望んでいる産業・地域・職業と，雇う側の産業・地域・職業が異なることも多い。たとえば，首都圏で働き手が不足し地方で働き手が余っていたとしても，仕事のために地方から首都圏へと移住できる人ばかりではないので，産業間・地域間・職業間の構造が原因で失業が生じてしまう（構造的失業）。

　一般に就業が認められるのは15歳からである。15歳以上人口のうち，**労働力人口**は**就業者**と**完全失業者**の合計であり，**非労働力人口**は学生・家事従事者・高齢者などで収入を伴う仕事を少しもしなかった者の合計である。15歳以上人口に占める労働力人口の割合を**労働力人口比率**（**労働参加率**）と呼び，労働力人口に占める完全失業者の割合を**完全失業率**と呼ぶ。

　ここで，完全失業者とは，第1に仕事がなくて調査週間中に少しも仕事をしなかった（就業者ではない），第2に仕事があればすぐ就くことができる，第3に調査週間中に仕事を探す活動や事業を始める準備をしていた，という3つの条件をすべて満たす者である。したがって，完全失業者には，非自発的失業や摩擦的・構造的失業は含まれるが，自発的失業や就職活動を諦めた**ディスカレッジド・ワーカー**（求職意欲喪失者）などは含まれない。すると，そのような人々は労働力人口（＝就業者＋完全失業者）にも含まれないことになる。完全失業率や労働力人口比率を用いるときには，このように非労働力人口の中にも労働力となり得る人々がいるという可能性に留意する必要がある。

　他方，自発的失業，摩擦的・構造的失業を含み，非自発的失業を含まない失業率を**自然失業率**と呼ぶ。これは完全雇用（非自発的失業のない状態）とみなされる状態でも存在する失業のみを数えた失業率である。

　失業率と関連する指標に求人倍率がある。**新規求人倍率**とは公共職業安定所に新たに申し込まれた各月の新規求人数を新規求職者数で割った比率であり，**有効求人倍率**とは公共職業安定所に登録されている有効求人数（前月からの繰り越し分と当月分の合計）を有効求職者数（こちらも前月からの繰り越し分と当月分の合計）で割った比率である。一般に完全失業率は景気の改善で低下，景気

の悪化で上昇し，有効求人倍率は景気の改善で上昇，景気の悪化で低下することから，完全失業率と有効求人倍率は逆向きに動く（図5-8）。

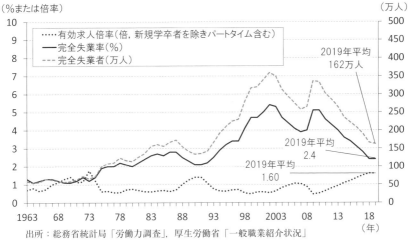

出所：総務省統計局「労働力調査」，厚生労働省「一般職業紹介状況」

図5-8　有効求人倍率と完全失業率の推移

4.　人口動態と経済成長

　日本の年齢別人口の推移は，いわゆる**少子高齢化**によって図5-9のようになっている。経済活動の観点からすれば，すべての人口は15〜64歳の**生産年齢人口**と，0〜14歳までの**年少人口**および65歳以上の**高齢人口**を合計した**非生産年齢人口**（**従属人口**）とに分けられる。生産年齢人口が主な生産活動の担い手となるのに対し，年少人口および高齢人口の多くは生産年齢人口の生産活動に依存することになるからである。

　図5-9を見ると，高度経済成長を遂げた1970年代前半までは，非生産年齢人口に対する生産年齢人口の比率が一貫して増加している。これは**人口ボーナス**と呼ばれる状態であり，労働力が豊富で急速な経済成長が可能であった。対照的に1990年代後半以降は，非生産年齢人口に対する生産年齢人口の比率が減少している。これは**人口オーナス**と呼ばれる状態であり，労働力不足が経済成

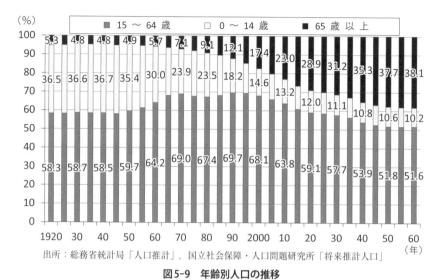

図5-9　年齢別人口の推移

長の重荷となる。少子高齢化による生産年齢人口の減少は，短期的には失業率
の低下や賃金の上昇につながりうるものの，長期的に見れば労働力人口の減少
によって潜在的な経済成長の妨げとなりうる。

　労働・資本などの生産要素を最大限に活用できた場合に達成されるGDPを
潜在GDP，その際の経済成長率を**潜在成長率**と呼び，一般には3つの要因によ
って左右されると考える。第1は**労働投入量**（＝就業者数×労働時間）である。
十分な労働力人口の確保が就業者数の増加につながり，それが十分な時間雇用
されることで経済成長につながる。第2は**資本投入量**（＝資本ストック×稼働率）
である。年々の民間投資や公共投資が生産設備などの**資本ストック**の増加につ
ながり，それを遊休設備とすることなく稼働させることで経済成長につながる。
第3は**全要素生産性**（TFP: total factor productivity）である。経済成長率のうち
労働投入量や資本投入量の増加率で説明できない部分は，労働・資本の活用の
仕方によるものとされ，**技術進歩**による生産性向上とみなされる。一般に**成長
戦略**（サプライサイド政策）と呼ばれるのは，規制緩和，労働市場の流動化，民
間投資・公共投資の促進，技術革新の促進などにより，潜在成長率の上昇を目
指す政策である。

《計算問題》

・労働需要が $L^D = 20 - \dfrac{w}{P}$，労働供給が $L^S = \dfrac{w}{P}$，物価が $P=100$ であり，名目賃金 w が伸縮的であるとき，労働市場の均衡における名目賃金 w^* と雇用量 L^* はいくつか。

（答え：$w^* = 1000$，$L^* = 10$）

・労働需要が $L^D = 20 - \dfrac{w}{P}$，労働供給が $L^S = \dfrac{w}{P}$，物価が $P = 100$ であり，名目賃金が $w = 1500$ で硬直的であるとき，労働需要 L^D，労働供給 L^S，雇用量 L はいくつになるか。

（答え：$L^D = 5$，$L^S = 15$，$L = 5$）

《考察》

・失業を減らすにはどのような方法が有効だろうか。（ヒント：自発的失業，非自発的失業，摩擦的・構造的失業）

・労働の担い手が限られており，実質賃金が上がっても労働供給がまったく増えなくなる場合の労働供給曲線はどのような形になるだろうか。（ヒント：労働の賃金弾力性）

・失業者および失業率の定義にディスカレッジド・ワーカー（求職意欲喪失者）を含めないのは妥当だろうか。（ヒント：ILO基準）

・就業者数の不足を補うにはどのような方法があるだろうか。（ヒント：完全失業者，非労働力人口，労働時間）

第6章
乗数メカニズム

1. 消費支出と消費乗数メカニズム

　家計の消費支出のモデルを振り返ってみると，家計は可処分所得が増えたとき，その一定割合を消費に回し，残りを貯蓄するのであった（図6-1）。可処分所得の増分を$\Delta(Y-T)$，消費の増分をΔC，貯蓄の増分をΔS（デルタ記号Δは変化量，増分を意味する）とすると，可処分所得の増分のうち消費に回る割合は，

$$c_1 = \frac{\Delta C}{\Delta(Y-T)} \qquad (0 < c_1 < 1)$$

と表すことができ，限界消費性向と呼んだ。この値は必ず0と1の間（0%〜100%）をとる。たとえば，家計が可処分所得の増分の6割を消費に回すとしたら，$c_1 = 0.6$である。他方，可処分所得の増分のうち貯蓄に回る割合は，

$$1 - c_1 = \frac{\Delta S}{\Delta(Y-T)} \qquad (0 < 1 - c_1 < 1)$$

と表すことができ，限界貯蓄性向と呼んだ。この値も必ず0と1の間（0%〜100%）をとる。たとえば，家計が可処分所得の増分の4割を貯蓄に回すとしたら，

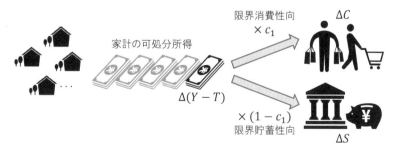

図6-1

$1-c_1=0.4$である。家計の可処分所得は必ず消費と貯蓄のいずれかになるので，限界消費性向と限界貯蓄性向を足すと必ず1（つまり100%）となる。

　この限界消費性向はマクロ経済循環の中で非常に重要な役割を果たすことが分かっている。図6-2のように，一国経済において何らかの需要の増加ΔDがあったとすると，それは同額ΔDの生産の増加につながり，同額ΔDの所得の増加につながる。これは第2章で確認した三面等価の原則である。所得が増加すると，その一部$(1-c_1)\Delta D$は貯蓄に回ってしまうが，残りの$c_1\Delta D$は消費に回り，新たな需要の増加となる。すると，それは同額$c_1\Delta D$の生産の増加につながり，同額$c_1\Delta D$の所得の増加につながる……というように，個々の金額は小さくなっていくものの新たな需要の増加が繰り返し生じていく。

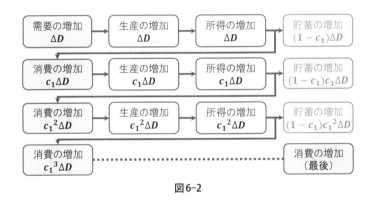

図6-2

需要の増加となった部分をすべて足し合わせると，所得水準の増分ΔYは，

$$\Delta Y = \Delta D + c_1\Delta D + c_1{}^2\Delta D + c_1{}^3\Delta D + \cdots = \Delta D(1 + c_1 + c_1{}^2 + c_1{}^3 + \cdots)$$
$$= \frac{\Delta D}{1-c_1}$$

となる。このように最初の需要増ΔDを上回る有効需要が生み出される仕組みを**消費乗数メカニズム**と呼ぶ。**消費乗数**（ΔYがΔDの何倍か）を計算してみると，

$$\frac{\Delta Y}{\Delta D} = \frac{1}{1-c_1}$$

これは限界貯蓄性向の逆数（分母と分子を逆にした数）になっており，プラスの

値なので，所得水準に対して需要増の効果はプラスに働くことを意味している。たとえば，先の例のように家計が可処分所得の増分の6割を消費に回す（$c_1 = 0.6$）としたら，消費乗数は，

$$\frac{\Delta Y}{\Delta D} = \frac{1}{1 - c_1} = \frac{1}{1 - 0.6} = \frac{1}{0.4} = \frac{10}{4} = \frac{5}{2}$$

である。限界消費性向，つまり人々が可処分所得の増分を消費に回す割合が大きいほど，消費の乗数効果は大きくなることが分かる。

2. 有効需要の創出とその効果

経済政策で有効需要を創出する場合についても乗数効果を計算することができる。第3章で見たように，総供給が$Y^S = Y^*$，総需要が$Y^D = C + I + G + EX - IM$，消費がケインズ型消費関数$C = c_0 + c_1(Y^* - T)$のとき，均衡所得水準は，

$$Y^* = \frac{c_0 - c_1 T + I + G + EX - IM}{1 - c_1}$$

であるので，これを使ってさまざまな場合の乗数効果を計算できる。

財政出動（政府支出の拡大）を行うとき，政府支出拡大前の所得水準をY^*，政府支出拡大後の所得水準をY'，政府支出の増分をΔGとすると，

$$Y^* = \frac{c_0 - c_1 T + I + G + EX - IM}{1 - c_1}, \quad Y' = \frac{c_0 - c_1 T + I + G + \Delta G + EX - IM}{1 - c_1}$$

と表すことができる。政府支出の拡大による所得水準の変化は，前後を比べればよいので，

$$\Delta Y = Y' - Y^* = \frac{c_0 - c_1 T + I + G + \Delta G + EX - IM}{1 - c_1} - \frac{c_0 - c_1 T + I + G + EX - IM}{1 - c_1}$$

$$= \frac{\Delta G}{1 - c_1}$$

となる。このとき**政府支出乗数**（ΔYがΔGの何倍か）を計算してみると，

$$\frac{\Delta Y}{\Delta G} = \frac{1}{1-c_1}$$

これは限界貯蓄性向の逆数となっており，プラスの値なので，所得水準に対して政府支出拡大の効果はプラスに働くことを意味している。たとえば，先の例のように家計が可処分所得の増分の6割を消費に回す $(c_1 = 0.6)$ としたら，政府支出乗数は，

$$\frac{\Delta Y}{\Delta G} = \frac{1}{1-c_1} = \frac{1}{1-0.6} = \frac{1}{0.4} = \frac{10}{4} = \frac{5}{2}$$

である。

　増税を行うとき，増税前の所得水準を Y^*，増税後の所得水準を Y'，税金の増分を ΔT とすると，

$$Y^* = \frac{c_0 - c_1 T + I + G + EX - IM}{1 - c_1}, \quad Y' = \frac{c_0 - c_1(T + \Delta T) + I + G + EX - IM}{1 - c_1}$$

と表すことができる。増税による所得水準の変化は，前後を比べればよいので，

$$\Delta Y = Y' - Y^* = \frac{c_0 - c_1(T + \Delta T) + I + G + EX - IM}{1 - c_1} - \frac{c_0 - c_1 T + I + G + EX - IM}{1 - c_1}$$

$$= -\frac{c_1 \Delta T}{1 - c_1}$$

となる。このとき**増税乗数**（ΔY が ΔT の何倍か）を計算してみると，

$$\frac{\Delta Y}{\Delta T} = -\frac{c_1}{1 - c_1}$$

これはマイナスの値なので，所得水準に対して増税の効果はマイナス，減税の効果はプラスに働くことを意味している。たとえば，先の例のように家計が可処分所得の増分の6割を消費に回す $(c_1 = 0.6)$ としたら，増税乗数は，

$$\frac{\Delta Y}{\Delta T} = -\frac{c_1}{1 - c_1} = -\frac{0.6}{1 - 0.6} = -\frac{0.6}{0.4} = -\frac{6}{4} = -\frac{3}{2}$$

である。ちなみに，財政出動の場合と減税の場合とで乗数の大きさを比較する

と確認できるように $\left(\dfrac{1}{1-c_1} > \dfrac{c_1}{1-c_1}\right)$，減税は同額の財政出動に比べて乗数効果が小さい。財政出動による政府支出の増分はそのすべてが必ず支出されるのに対して，減税による可処分所得の増分は通常その一部しか消費に支出されないためである。

財政出動と増税を同時に行うとき，実施前の所得水準を Y^*，実施後の所得水準を Y'，政府支出の増分を ΔG，税金の増分を ΔT とすると，

$$Y^* = \frac{c_0 - c_1 T + I + G + EX - IM}{1 - c_1}, \quad Y' = \frac{c_0 - c_1(T + \Delta T) + I + G + \Delta G + EX - IM}{1 - c_1}$$

と表すことができる。財政出動と増税を同時に行うことによる所得水準の変化は，前後を比べればよいので，

$$\Delta Y = Y' - Y^* = \frac{c_0 - c_1(T + \Delta T) + I + G + \Delta G + EX - IM}{1 - c_1} - \frac{c_0 - c_1 T + I + G + EX - IM}{1 - c_1}$$

$$= \frac{\Delta G - c_1 \Delta T}{1 - c_1}$$

となる。ここで，もし政府支出（歳出）の増分と税金（歳入）の増分が同額ならば，$\Delta G = \Delta T$ なので，

$$\Delta Y = \frac{\Delta G - c_1 \Delta T}{1 - c_1} = \frac{(1 - c_1)\Delta G}{1 - c_1} = \Delta G = \Delta T$$

このとき，**均衡予算乗数**（ΔY が ΔG または ΔT の何倍か）を計算してみると，

$$\frac{\Delta Y}{\Delta G} = \frac{\Delta Y}{\Delta T} = 1$$

これは限界消費性向の大きさにかかわらず，所得水準の上昇分＝政府支出の増分＝税金の増分となることを意味する。これにより確認できるように，財政出動と同額の増税を同時に行った場合でも，所得水準引き上げの効果はゼロではないが，当初の需要増分にとどまり，派生需要は生じない。

3. 預金貸出と信用乗数メカニズム

　貨幣市場においても民間銀行の預金貸出による乗数メカニズムが存在する。図6-3のように，日本銀行が民間銀行に供給した貨幣（マネタリーベース）は民間銀行の預金の増加になる。民間銀行がその預金を企業等に貸し出せば，借り手はその一定割合だけを現金で保有し，残りはいずれかの民間銀行に預けられる。すると，民間銀行に預けられた分は新たな預金の増加になり，その一部は預金準備として日本銀行に預けなければならないが，残りはさらにどこかに貸し出すことができる。民間に流通している**現金通貨**（cash currency）をC，民間銀行に預けられている**預金通貨**（deposit currency）をD，民間銀行が日本銀行に預ける**預金準備**（reserve）をRで表すと，企業等への貸出のうち現金で保有される割合は$\frac{C}{C+D}$，預金として預けられる割合は$\frac{D}{C+D}$であり，これらを足すと必ず1（つまり100%）となる。また，預けられた預金のうち預金準備となる割合は$\frac{R}{D}$，残りの貸し出される割合は$\frac{D-R}{D}$であり，これらを足すと必ず1（つまり100%）となる。

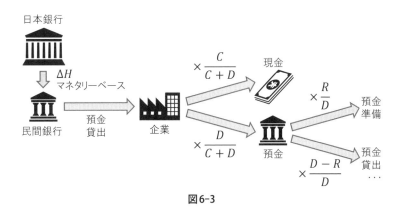

図6-3

　図6-4のように，日本銀行からマネタリーベース（ハイパワード・マネー）の追加ΔHがあり，民間銀行から企業等へと貸し出されたとすると，その一部

$\dfrac{C}{C+D}\Delta H$は現金で保有されてしまうが，残りの$\dfrac{D}{C+D}\Delta H$は預金として預けられる。すると，その一部$\left(\dfrac{D}{C+D}\right)\left(\dfrac{R}{D}\right)\Delta H$は預金準備として日本銀行に預けなければならないが，残りの$\left(\dfrac{D}{C+D}\right)\left(\dfrac{D-R}{D}\right)\Delta H$はさらに貸し出すことができる。その一部$\left(\dfrac{C}{C+D}\right)\left(\dfrac{D}{C+D}\right)\left(\dfrac{D-R}{D}\right)\Delta H$は現金で保有されてしまうが，残りの$\left(\dfrac{D}{C+D}\right)^2\left(\dfrac{D-R}{D}\right)\Delta H$は預金として預けられる。すると，その一部$\left(\dfrac{D}{C+D}\right)^2\left(\dfrac{R}{D}\right)\left(\dfrac{D-R}{D}\right)\Delta H$は預金準備として日本銀行に預けなければならないが，残りの$\left(\dfrac{D}{C+D}\right)^2\left(\dfrac{D-R}{D}\right)^2\Delta H$はさらに貸し出すことができる……というように，個々の金額は小さくなっていくものの新たな預金の増加が繰り返し生じていく。

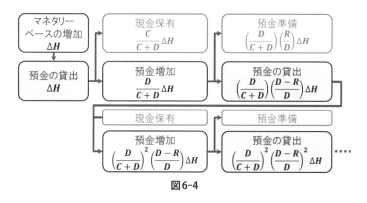

図6-4

預金の貸出となった部分をすべて足し合わせると，マネーストックの増分ΔMは，

$$\Delta M = \Delta H + \frac{D-R}{C+D}\Delta H + \left(\frac{D-R}{C+D}\right)^2\Delta H + \left(\frac{D-R}{C+D}\right)^3\Delta H + \cdots = \Delta H\left(\frac{C+D}{C+R}\right)$$

となる。このように信用に基づく貸出によって最初のマネタリーベースの増分ΔHを上回る貨幣が生み出される仕組みを，**信用乗数メカニズム**または**信用創造**と呼ぶ。**信用乗数**（ΔMがΔHの何倍か）を計算してみると，

$$\frac{\Delta M}{\Delta H} = \frac{C+D}{C+R} = \frac{\dfrac{C}{D}+1}{\dfrac{C}{D}+\dfrac{R}{D}}$$

と表すことができ，$\dfrac{C}{D}$ を**現金預金比率**（現金保有性向），$\dfrac{R}{D}$ を**預金準備率**（準備金預金比率）と呼ぶ。現金預金比率，預金準備率が大きいほど，信用創造の乗数効果は小さくなる。

《計算問題》

・ある国の所得水準が $Y = C + I + G + EX - IM$ と $C = c_0 + c_1(Y - T)$ を満たしており，C は消費，c_0 は基礎的消費，c_1 は限界消費性向，T は税金，I は投資，G は政府支出，$EX - IM$ は純輸出である。(1) 限界消費性向 c_1 が 0.7 で政府支出が 30 増えたときの所得水準の変化，(2) 限界消費性向 c_1 が 0.7 のときに所得水準を 140 上昇させるために必要な政府支出，(3) 限界消費性向 c_1 が 0.7 で税金が 30 減ったときの所得水準の変化，(4) 限界消費性向 c_1 が 0.7 のときに所得水準を 140 上昇させるために必要な減税，(5) 限界消費性向 c_1 が 0.7 で政府支出が 30 増えて税金も 30 増えたときの所得水準の変化，を求めなさい。

（答え：(1) $\Delta Y = 100$，(2) $\Delta G = 42$，(3) $\Delta Y = 70$，(4) $\Delta T = -60$，(5) $\Delta Y = 30$）

・ある国に中央銀行と市中銀行があり，準備預金制度がとられている。(1) 現金預金比率が 0.2，預金準備率が 0.1 でマネタリーベースが 500 増えたときの信用乗数とマネーストックの増分，(2) 現金預金比率が 0.4，預金準備率が 0.3 でマネタリーベースが 500 増えたときの信用乗数とマネーストックの増分，を求めなさい。

（答え：(1) $\dfrac{\Delta M}{\Delta H} = 4$，$\Delta M = 2000$，(2) $\dfrac{\Delta M}{\Delta H} = 2$，$\Delta M = 1000$）

- 有効需要を創出するにはどのような方法が有効だろうか。(ヒント:財政出動, 減税, 乗数)
- 有効需要の創出が所得水準を引き上げる効果は常に期待できるだろうか。(ヒント:限界消費性向)
- 経済全体の預金通貨の量が増加するのは, 民間銀行がどのような行動をするときだろうか。(ヒント:預金貸出, 資産購入)
- 経済全体の預金通貨の量が減少して現金通貨の量が増加するのは, 家計や企業がどのような行動をするときだろうか。(ヒント:預金引出)
- マネタリーベースの供給がマネーストックを増やす効果は常に期待できるだろうか。(ヒント:資金需要, 貸出態度, 信用乗数, 現金預金比率, 預金準備率)

第7章
IS-LM分析

1. IS曲線とLM曲線

　第3章では財・サービス市場の需要と供給，第4章では貨幣市場の需要と供給について考えたが，財・サービス市場と貨幣市場を同時に考えるためのモデルがIS曲線とLM曲線である。

　IS曲線を導き出すため，3つのパーツを用意しよう。

　図7-1は投資Iと金利rの関係を表すグラフである。金利が下がると，企業や家計がお金を借りやすくなり，投資が増えるはずであるから，右下がりの曲線（縦軸の金利が下がると横軸の投資が増える関係）になる。

　図7-2は投資Iと貯蓄Sの関係を表すグラフである。財・サービス市場の均衡においては総供給（$Y^S = Y$）と所得（$Y = C + S + T$）と総需要（$Y^D = C + I + G + EX - IM$）が等しいことより，$S = I + G + EX - IM - T$であるので，投資が増えると貯蓄（＝投資＋政府支出＋純輸出－税金）も増えるはずである。原点から右上がりの点線は投資を表し，そこに政府支出＋純輸出－税金（ここではいずれも一定と仮定する）を加えると，右上がりの実線（横軸の投資が増えると縦軸の貯蓄が増える関係）になる。

　図7-3は所得水準Yと貯蓄Sの関係を表すグラフである。GDPの分配面（$Y = C + S + T$）とケインズ型消費関数（$C = c_0 + c_1 (Y - T)$）より，$S = (1 - c_1) Y - (1 - c_1) T - c_0$であるので，所得が増えると貯蓄も増えるはずである。原点から右上がりの点線は所得の一定倍を表し，そこから税金の一定倍や基礎的消費を引くと，右上がりの実線（横軸の所得が増えると縦軸の貯蓄が増える関係）になる（ただし，所得が少なすぎると，貯蓄はマイナス，つまり過去の貯蓄を切り崩して消費を行うことになる）。

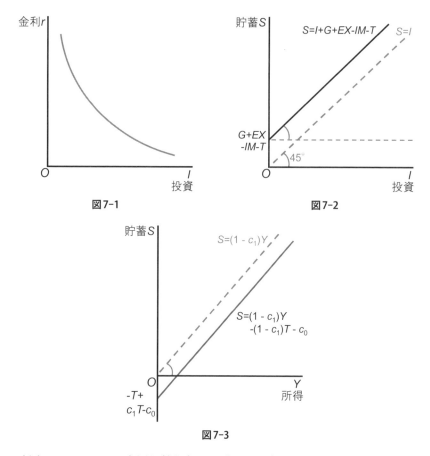

図7-1

図7-2

図7-3

　以上の3つのグラフを同じ軸どうしが重なるように回転・反転させて貼り合
わせると，図7-4のような4象限のグラフ（ただし，右上の象限はまだ空白）にな
る。左上の象限の曲線上で適当に3点をとろう。そこから下に垂直に点線を伸
ばしていき，左下の象限の直線と交わるところで右に水平に点線を伸ばしてい
き，右下の象限の直線と交わるところで上に垂直に点線を伸ばしていき，最初
の点と同じ高さで止める。これを繰り返し，右上の象限（横軸が所得水準Y，縦
軸が金利r）に現れた点を結んでいくと点線のような右下がりの曲線が得られる。
投資Iと貯蓄Sの関係（図7-2または図7-4の左下の象限）を用いて導出されてい
るため，IS曲線と呼ばれる。

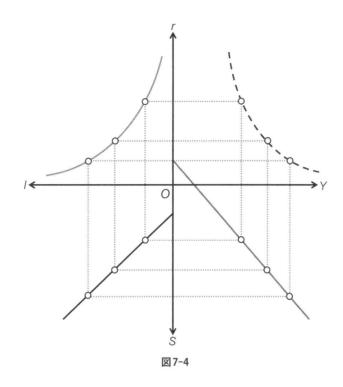

図7-4

今度は**LM曲線**を導き出すため，3つのパーツを用意しよう。

図7-5は投機的動機による貨幣需要L_2（資産需要）と金利rの関係を表すグラフである。金利が下がると，債券価格が上がり（資産として債券よりも貨幣が魅力的になり），債券需要が減って投機的動機による貨幣需要が増えるはずであるから，右下がりの曲線（縦軸の金利が下がると横軸の投機的動機による貨幣需要が増える関係）になる。

図7-6は取引動機による貨幣需要L_1（取引需要）と投機的動機による貨幣需要L_2（資産需要）の関係を表すグラフである。貨幣市場の均衡においては貨幣供給（$M^S = \frac{M}{P}$）と貨幣需要（$M^D = L_1 + L_2$）が等しいことより，取引動機による貨幣需要と投機的動機による貨幣需要の和は常に一定（$\frac{M}{P} = L_1 + L_2$）であるから，右下がりの直線（縦軸の投機的動機による貨幣需要が減ると，横軸の取引動機による貨幣需要が増える関係）になる。

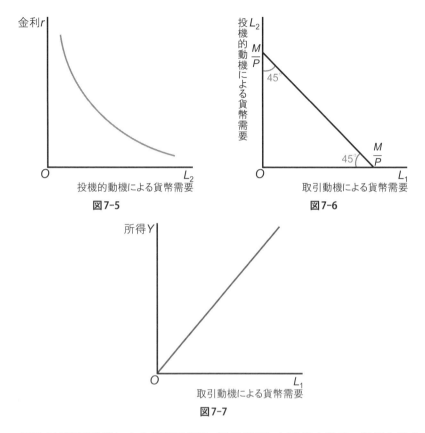

図7-5

図7-6

図7-7

　図7-7は取引動機による貨幣需要L_1（取引需要）と所得水準Yの関係を表すグラフである。人々の所得が増えると，取引が増えるため，取引動機による貨幣需要も増えるはずであるから，右上がりの線（縦軸の所得水準が上がると横軸の取引動機による貨幣需要が増える関係）となる。

　以上の3つのグラフを同じ軸どうしが重なるように回転・反転させて貼り合わせると，図7-8のような4象限のグラフ（ただし，右上の象限はまだ空白）になる。左上の象限の曲線上で適当に3点をとろう。そこから下に垂直に点線を伸ばしていき，左下の象限の直線と交わるところで右に水平に点線を伸ばしていき，右下の象限の直線と交わるところで上に垂直に点線を伸ばしていき，最初の点と同じ高さで止める。これを繰り返し，右上の象限（横軸が所得水準Y，縦

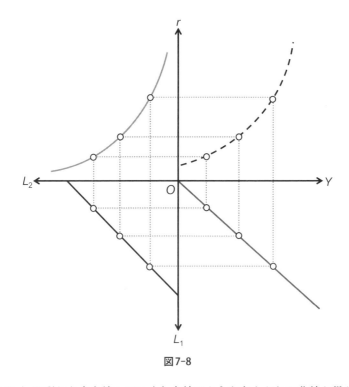

図7-8

軸が金利r）に現れた点を結んでいくと点線のような右上がりの曲線が得られる。貨幣需要L_1，L_2と貨幣供給Mの関係（図7-6または図7-8の左下の象限）を用いて導出されているため，LM曲線と呼ばれる。

　図7-4の作図から導出した右下がりのIS曲線は，その曲線上（所得水準Yと金利rのさまざまな組み合わせ）で財・サービス市場の需要と供給が均衡することを意味し，金利rが上昇したら所得水準Yが減少，金利rが低下したら所得水準Yが増加するという関係を示している（図7-9）。財・サービス市場の均衡条件（Y^S = Y^D）である$Y = C + I + G + EX - IM$に基づいて考えると，式の左辺が財・サービス市場の供給，右辺が財・サービス市場の需要を表している。金利rが上昇したら投資I（式の右辺）が減るので，需給の均衡（式のイコール）を維持するには，所得水準Y（式の左辺）も減少しなければならない。逆に金利rが低下

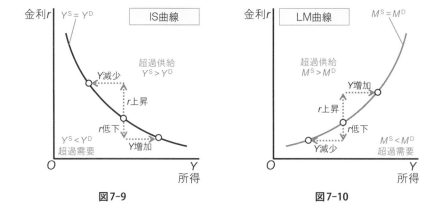

図7-9   図7-10

したら投資I（式の右辺）が増えるので，需給の均衡（式のイコール）を維持する
には，所得水準Y（式の左辺）も増加しなければならない。したがって，金利r
と所得水準Yの関係をグラフに表すと右下がりになる。もし均衡式のイコール
が成立せず，式の右辺が左辺より減少したままであればIS曲線より右上の領
域に留まり，超過供給（$Y^S > Y^D$）の状態，式の右辺が左辺より増加したままで
あればIS曲線より左下の領域に留まり，超過需要（$Y^S < Y^D$）の状態である。
もし式の他の部分で増減が相殺されれば，再び財・サービス市場の需給が均衡
し，グラフではIS曲線上に戻る。

　他方，導出した右上がりのLM曲線は，その曲線上（所得水準Yと金利rのさ
まざまな組み合わせ）で貨幣市場の需要と供給が均衡することを意味し，金利r
が上昇したら所得水準Yが増加，金利rが低下したら所得水準Yが減少すると
いう関係を示している（図7-10）。貨幣市場の均衡条件（$M^S = M^D$）である$\frac{M}{P} =$
$L_1(Y) + L_2(r)$に基づいて考えると，式の左辺が貨幣市場の供給，右辺が貨幣
市場の需要を表している。金利rが上昇したら資産動機による貨幣需要$L_2(r)$（式
の右辺）が減るが，実質貨幣供給$\frac{M}{P}$が一定のもとで需給の均衡（式のイコール）
を維持するには，取引動機による貨幣需要$L_1(Y)$（式の右辺の残りの部分）が増
えなければならず，そのためには所得水準Yが増加しなければならない。逆に
金利rが低下したら資産動機による貨幣需要$L_2(r)$（式の右辺）が増えるが，実

質貨幣供給 $\frac{M}{P}$ が一定のもとで需給の均衡（式のイコール）を維持するには，取引動機による貨幣需要 $L_1(Y)$（式の右辺の残りの部分）が減らなければならず，そのためには所得水準 Y が減少しなければならない。したがって，金利 r と所得水準 Y の関係をグラフに表すと右上がりになる。もし均衡式のイコールが成立せず，式の右辺が左辺より減少したままであれば LM 曲線より左上の領域に留まり，超過供給 $(M^S > M^D)$ の状態，式の右辺が左辺より増加したままであれば LM 曲線より右下の領域に留まり超過需要 $(M^S < M^D)$ の状態である。もし式の他の部分で増減が相殺されれば，再び貨幣市場の需給が均衡し，グラフでは LM 曲線上に戻る。

　以上の IS 曲線と LM 曲線を組み合わせて財・サービス市場と貨幣市場を同時に分析するのが，ヒックスの**IS-LM分析**である（図7-11）。IS 曲線は，財・サービス市場の需給を均衡させる所得水準 Y と金利 r のさまざまな組み合わせを表すものであった。LM 曲線は，貨幣市場の需給を均衡させる所得水準 Y と金利 r のさまざまな組み合わせを表すものであった。IS 曲線と LM 曲線のグラフを重ね合わせると，両曲線の交点は，財・サービス市場と貨幣市場の両方を均衡させる均衡所得水準 Y^* と均衡金利 r^* の組み合わせを表す。ただし，労働市場については考えられていないため，均衡所得水準 Y^* においてすべての働きたい人が働けている状態（完全雇用）であるとは限らない。もし均衡所得水準 Y^* が

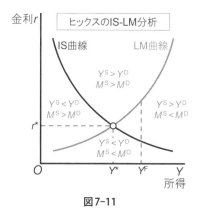

図7-11

John Richard Hicks
（ジョン・ヒックス）
（1904-1989）

完全雇用の達成される完全雇用所得水準 Y^F を下回っているならば，所得水準を引き上げるための経済政策が必要となる。

IS曲線とLM曲線の交点以外では，財・サービス市場と貨幣市場の少なくとも一方が不均衡の状態にある（図7-11）。IS曲線より右上の領域では財・サービス市場が超過供給（$Y^S > Y^D$），IS曲線より左下の領域では財・サービス市場が超過需要（$Y^S < Y^D$）であった。LM曲線より左上の領域では貨幣市場が超過供給（$M^S > M^D$），LM曲線より右下の領域では貨幣市場が超過需要（$M^S < M^D$）であった。したがって，IS-LMの両曲線によって分割される4つの領域によって，財・サービス市場と貨幣市場の需給の状態が4通りに場合分けされることになる。

2. 財政金融政策のIS-LM分析

IS-LM分析を用いれば，財政政策や金融政策が財・サービス市場と貨幣市場に及ぼす影響を端的に確認することができる。

財政出動（政府支出の拡大）を行うと，政府支出 G が増える。財・サービス市場の需要側（$Y = C + I + G + EX - IM$ の右辺）が増えるので，財・サービス市場の需給の均衡（式のイコール）を維持するには，財・サービス市場の供給側（$Y = C + I + G + EX - IM$ の左辺）である所得水準 Y も増えなければならない。したがって，グラフではIS曲線が右（所得水準の軸で増加の方向）にシフトする（図7-12）。政府支出の増加が十分ならば完全雇用所得水準 Y^F が達成され，新しい均衡点では所得水準 Y が増加し，金利 r も上昇していることが分かる。（このようなIS曲線の変化は，図7-4で政府支出 G が増えた場合の作図を考えることによっても導くことができる。）

金融緩和（マネタリーベースの供給）を行うと，マネーストック M が増える。貨幣市場の供給側（$\frac{M}{P} = L_1(Y) + L_2(r)$ の左辺）が増えるので，貨幣市場の需給の均衡（式のイコール）を維持するには，貨幣市場の需要側（$\frac{M}{P} = L_1(Y) + L_2(r)$ の右辺）である取引動機による貨幣需要 $L_1(Y)$ か投機的動機による貨幣需要

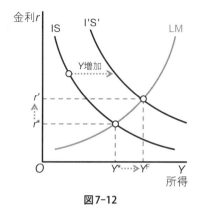

図7-12

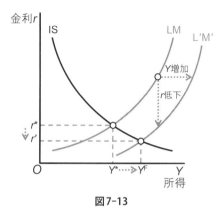

図7-13

$L_2(r)$ も増えなければならず，そのためには所得水準 Y が増加するか金利 r が低下しなければならない。したがって，グラフでは LM 曲線が右（所得水準の軸で増加の方向）または下（金利の軸で減少の方向）にシフトする（図7-13）。マネーストックの増加が十分ならば完全雇用所得水準 Y^F が達成され，新しい均衡点では所得水準 Y が増加し，金利 r は低下していることが分かる。（このような LM 曲線の変化は図7-8でマネーストック M が増えた場合の作図を考えることによっても導くことができる。）なお，物価 P が下落した場合にも実質的に貨幣供給が増えるので，同様の効果が生じる。

···《計算問題》··

・$Y^S = Y$，$Y^D = 0.5Y - 5000r + 500$，$M^S = \dfrac{20000}{P}$，$M^D = Y - 10000r + 1000$，$P = 100$ のとき，(1)IS 曲線を表す式（財・サービス市場の均衡式），(2)LM 曲線を表す式（貨幣市場の均衡式），(3)IS 曲線と LM 曲線の交点を求めなさい。

（答え：(1) $Y = -10000r + 1000$，(2) $Y = 10000r - 800$，(3) $Y = 100$，$r = 0.09$）

- 金利が下がっても投資がまったく増えなくなる場合のIS曲線はどのような形になるだろうか。(ヒント:投資の金利弾力性)
- 金利以外の投資の大きさを左右する要因があるとすれば何だろうか。(ヒント:期待インフレ率(第10章参照),貸出態度,資本設備のヴィンテージ,トービンのq,景況感,不確実性,アニマル・スピリット)
- ある水準まで金利が下がったとき(債券価格が上がったとき),すべての人が資産として債券よりも貨幣を選択するとしたら,LM曲線はどのような形になるだろうか。(ヒント:流動性の罠(第8章参照))

第8章
財政金融政策

1. 財政政策

　財政政策とは，政府が政府支出や税の増減によって景気変動の安定化を図る政策である。不況期には政府支出の拡大（財政出動）または減税によって，財・サービスへの需要を創出するのが基本である。それにより，企業にとっては，需要が増えて財・サービスが売れるようになり，生産拡大のため設備投資や雇用を増やしやすくなる。家計にとっては，所得が増えて消費や住宅投資を増やしやすくなる。政府にとっては，政府支出の増加や税収の減少は財政収支が悪化するが，財政政策によって景気が拡大すれば税収が増える可能性がある。

　他方で，政府が能動的に財政政策を行わなくても，財政制度によって景気変動が小さくなるよう自動的に調節される仕組みがあり，**ビルトイン・スタビライザー**（自動安定化装置）と呼ばれる。たとえば，**累進課税制度**では所得が多いほど税率が高く設定されており，好況期には徴税額が増えやすいので景気が抑制され，不況期には徴税額が減りやすいので景気が刺激される。また，**社会保障制度**によって，不況期には失業保険の支払い（政府支出）が増えるので景気が刺激され，好況期には失業保険の支払い（政府支出）が減るので景気が抑制される。

　財政政策を行うと，図8-1のようなプロセスで影響が波及していく。政府支出の拡大や減税を行うと，その金額以上の派生需要が乗数メカニズム（第6章参照）により生み出され，所得水準が上昇する。所得水準が上昇すると取引動機による貨幣需要が増加し，金利が上昇する（債券価格は下落する）。金利が上昇すると投資が減少して貯蓄が増加（消費が減少）する。投資や消費が減少すると，生じたはずの派生需要の一部は失われ，所得水準が低下するが，先の所

得水準の上昇の方が大きい。このように財政政策の影響は財・サービス市場と貨幣市場の両方にまたがって波及していく。以上のような金利と所得水準への影響（金利上昇，所得水準上昇）はIS-LM分析でも確認できた（図8-2）。

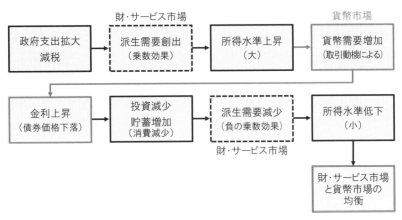

図8-1

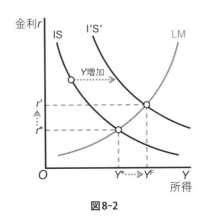

図8-2

　裁量的な財政政策を行うことには反対の議論もあるので，ここでは3つ紹介しよう。第1は**クラウディング・アウト**と呼ばれる。財政政策のための国債の増発等が金利を上昇させ，民間の資金調達と投資が抑制される（締め出される）現象のことである。第2は**リカード＝バローの中立命題**と呼ばれる。財政政策

が国債発行により賄われた場合，人々は国債の利払いや償還の費用が将来の増税（所得減少）によって賄われると予想するため，財政出動や減税で一時的に可処分所得が増えても消費を増やさない．したがって，裁量的な財政政策による景気刺激策は有効でないという理論である．第3は**ブキャナン＝ワグナーの批判**と呼ばれる．選挙で代表が選ばれる議会制民主主義の下では，拡張的財政政策（財政出動）ばかりが採用されるため，公共部門が必要以上に肥大化するという批判である．

　以上のうちクラウディング・アウトについてはIS-LM分析で考えることができる．図8-3において，所得水準を完全雇用の水準 Y^F まで引き上げることが財政出動の目的であるとき，IS曲線は右にシフトするが，点Aから出発して所得水準を引き上げた点Bにとどまることはできない．なぜなら，点Bは新たなI'S'曲線上にある（財・サービス市場は均衡している）が，LM曲線上にはない（貨幣市場は均衡していない）からである．I'S'曲線上に沿って点BからLM曲線上の点Cへと移動せざるを得ないので，金利が上昇し所得水準が低下してしまう．当初目標の完全雇用所得水準 Y^F を達成するには，図8-4のようにさらに財政出動を行う（ただし，さらに金利が上昇する）か，あるいは，図8-5のように財政出動と同時に金融緩和を行う（すると，金利上昇が金利低下で相殺される）という方法が考えられる．

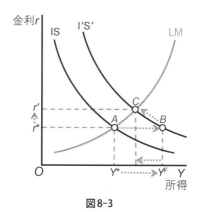

図8-3

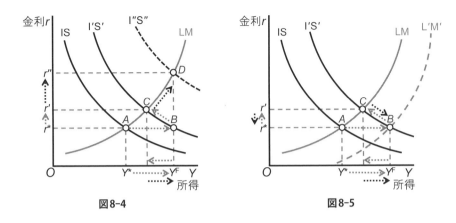

| 図8-4 | 図8-5 |

2. 日本の財政の状況

　日本の財政の状況を見てみると，令和2年度の日本の一般会計予算（当初予算）の歳入と歳出は図8-6のようになっている。歳入の内訳を見ると，租税その他による収入は歳入全体の7割弱にとどまり，残りは国債発行による**公債金収入**である。国債には2種類ある。**特例公債（赤字国債）**は，経常経費の歳入補填のため各年度の特別立法で発行されるもので，本来は発行すべきでない。

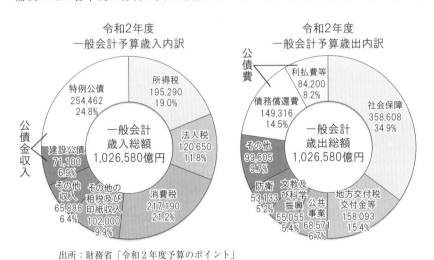

出所：財務省「令和2年度予算のポイント」

図8-6　令和2年度一般会計予算（当初予算）

他方，**建設公債**（**建設国債**）は，公共事業等の財源とするために発行されるもので，現在の徴税ではなく国債により賄うことで社会資本の便益を受ける将来世代にも費用を負担させることができる。歳出の内訳を見ると，社会保障関係費が歳出全体の3割強を占めている。次に大きく全体の2割強を占めるのは過去の国債発行から生じる**公債費**（国債費）であり，**債務償還費**（過去の国債の返済）と**利払費**（過去の国債の利子の支払い）等からなる。公債金収入を除く歳入と公債費を除く歳出の収支である**基礎的財政収支**（**プライマリー・バランス**）を計算すると，赤字であることが分かる。

　各年度の一般会計歳入（歳出）に占める公債発行額の割合（**公債依存度**）の推移を見てみると，図8-7のように，直近では低下しつつあるものの，依然として30%を超えていることが分かる。また，単年度（フロー）ではなく累計（ストック）で見た**公債残高**（普通国債の発行残高）は1990年代半ばから不況対策の財政出動のために急増し，その後も社会保障費の膨張のために増え続けており，2019年度末で886兆円に上る。国債の発行残高は将来世代の税負担となるだけでなく，債務償還費や利払費という形で年々の一般会計歳出にも重くのしかかり，財政の柔軟性が損なわれる。国債に借入金，政府短期証券の残高も加えた**政府債務残高**は，2019年度末で1,114兆円に達している。

出所：財務省財務総合政策研究所「財政金融統計月報」

図8-7　公債依存度と公債残高の推移

3. 金融政策

　金融政策とは，中央銀行が貨幣量や金利の増減によって，物価の安定や経済成長を図る政策である。不況期には貨幣量（マネーストック）を増やし，金利を下げるのが基本である。それにより，企業にとっては，民間銀行から資金を借りやすくなり，資金調達できれば，設備投資をしやすくなる。家計にとっては，貯蓄よりも消費や住宅投資をしやすくなる。政府にとっては，国債の利払費が減り，新規の国債も発行しやすくなる。また，中央銀行は貨幣量（マネーストック）の調整によって物価を安定させ（「**物価の番人**」），企業の投資や家計の消費を行いやすくする。

　金利（利子率）は金融商品によってさまざま異なるが，マクロ経済学では2種類の金利に注目する。**10年国債利回り**（償還期間10年の国債の利回り）に代表される**長期金利**（期間1年以上の金利）と，**無担保コールレート・オーバーナイト物**（民間の金融機関が短期金融市場で無担保で資金を借り翌日返済する場合の金利）に代表される**短期金利**（期間1年未満の金利）である。通常，将来の不確実性が高まる長期金利の方が短期金利より高くなるが（**順イールド**），将来の金利の低下が予想されるときには短期金利の方が長期金利より高くなり（**逆イールド**），景気後退の前触れとされる。さまざまな金利は連動して動くので，金利全般を指して長期・短期の区別なく金利と言うこともある。

　金融政策を行うと，図8-8のようなプロセスで影響が波及していく。買いオペレーションを行って中央銀行が民間銀行から債券を買うとマネタリーベースが増加し，その金額以上のマネーストックが乗数メカニズム（第6章参照）により生み出され，金利が低下する（債券価格が上昇する）。金利が低下すると投資が増加して貯蓄が減少（消費が増加）する。投資や消費が増加すると，その金額以上の派生需要が乗数メカニズム（第6章参照）により生み出され，所得水準が上昇する。このように金融政策の影響は貨幣市場と財・サービス市場の両方にまたがって波及していく。以上のような金利と所得水準への影響（金利低下，所得水準上昇）はIS-LM分析でも確認できた（図8-9）。

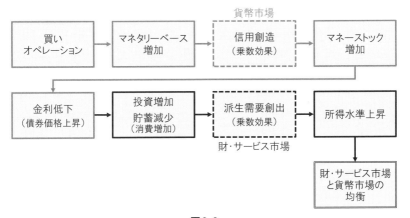

図8-8

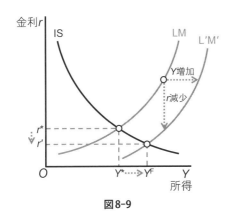

図8-9

　裁量的な金融政策を行うことには反対の議論もあるので，ここでは2つ紹介しよう。第1は**マネタリズム**と呼ばれる学派である。裁量的な金融政策は物価に影響を与えるだけで，景気変動の調整には有効ではなく，かえって市場を混乱させると主張した。この考えによれば，中央銀行はマネーストックの増加率が一定となるように貨幣を供給し，あとは市場に任せるべきだという結論に至る。第2は**流動性の罠**と呼ばれる。金利が非常に低い（債券価格が非常に高い）水準にあるとき，すべての人が債券ではなく貨幣を需要し（貨幣需要が無限大），

金利が下がらなくなる現象である（図8-10）。この場合，金融政策によってマネーストックを増加させても，金利と所得水準が変化しないため，専ら金利低下を目指す伝統的な金融政策は効力を失ってしまう。

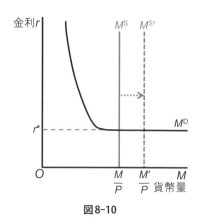

図8-10

　以上のうち流動性の罠についてはIS-LM分析で考えることができる。図8-11において，所得水準を完全雇用の水準 Y^F まで引き上げることが金融緩和の目的であるとき，金融緩和によってLM曲線は右にシフトするが，金利も所得水準も変化しない。なぜなら，IS曲線とL'M'曲線の交点はIS曲線とLM曲線の交点と同じになるからである。当初目標の完全雇用所得水準 Y^F を達成するには，

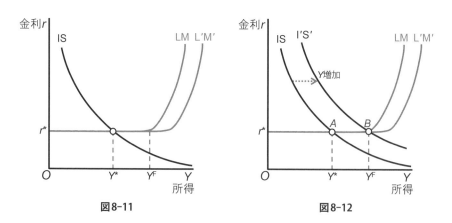

図8-11　　　　　　　　　　　　　　　　　図8-12

図8-12のように同時に財政出動や減税を行う（すると，交点は点Aから点Bに移る）という方法が考えられる。この場合，図から分かるように，クラウディング・アウトによる金利上昇は生じず，所得水準だけを上昇させることができる。

4. 日本の金融政策の変遷

　日本の金融政策の変遷を振り返ってみると，1990年代までは**公定歩合操作**が行われていた。日本銀行から民間銀行に貸し出す際の基準貸付利率（公定歩合）を引き下げることによって，マネタリーベースの供給を増やす方法だが，現在はほぼ用いられていない。1990年代末以降の金融政策はいずれも**公開市場操作**，つまり，金融市場での買いオペレーション（日本銀行による民間銀行からの債券購入）によって，マネタリーベースを供給する方法による。**ゼロ金利政策**（1999年2月〜2000年7月，2006年4月〜7月）では，民間銀行間（コール市場）の短期金利を金融市場調節の操作目標にし，無担保コールレート・オーバーナイト物がほぼ0％になった。ゼロ金利となれば流動性の罠が生じ，専ら金利低下を目指す伝統的な金融政策は効力を失う。そこで，**量的緩和政策**（2001年3月〜2006年3月）では，日銀当座預金残高（中央銀行預け金）が金融市場調節の操作目標となった。2006年7月のゼロ金利政策解除によって短期金利が上昇していたため，**包括的緩和政策**（2010年10月〜2013年3月）では再び短期金利が操作目標となったが，「中長期的な物価安定の目途」として消費者物価の前年比上昇率1％も示された。そして，**量的・質的金融緩和**（2013年4月〜）では，マネタリーベースが操作目標となり，「マネタリーベース・コントロール」の採用により大規模かつ多様な買いオペレーションが実施されるとともに，「物価安定の目標」として消費者物価指数の前年比上昇率2％が目指された（**インフレ・ターゲティング**）。その中で2016年1月から導入された**マイナス金利政策**では，日銀当座預金残高（中央銀行預け金）の一部にマイナス0.1％の金利が適用され，一定額を超えた超過準備については民間銀行が日銀に手数料を支払う形となった。また，2016年9月からは**長短金利操作（イールドカーブ・コントロール）**が

導入され，マイナス金利政策で短期金利をマイナスに引き下げつつ，長期金利（10年国債利回り）はゼロ％程度で推移するように誘導した。これにより，長期・短期金利が操作目標に加わったことになる。

図8-13は，日本の金利とマネタリーベースの推移を表している。民間銀行間（コール市場）で無担保翌日返済の場合の無担保コールレート・オーバーナイト物の金利を見ると，ゼロ金利政策がとられた時期にほぼ0％に，マイナス金利政策がとられてからはマイナスになっていることが分かる。日本銀行から民間銀行への貸出金利である基準貸付利率（公定歩合）を見ると，かつては無担保コールレート・オーバーナイト物より低かったが，ゼロ金利政策以降，無担保コールレート・オーバーナイト物より高い状態にある。マネタリーベースは特に量的緩和政策，包括的緩和政策の時に増加し，さらに量的・質的金融緩和においては大規模かつ多様な買いオペレーションを実施してきたため急増していることが分かる。

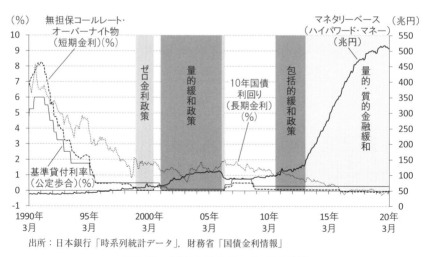

出所：日本銀行「時系列統計データ」，財務省「国債金利情報」

図8-13　金利とマネタリーベースの推移

┌─**《考察》**─────────────────────────

- 日本においては景気対策と財政健全化のどちらを優先すべきだろうか。(ヒント：基礎的財政収支，税収，公債残高，非ケインズ効果)
- 財政出動をしても人々が将来の増税を予想するため効果はないという説（リカード＝バローの中立命題）は正しいだろうか。(ヒント：現在世代，将来世代，貯蓄，遺産，ダイナスティ仮説)
- 財政出動のために政府が大規模な国債発行を行うと，金利はどのように変化するだろうか。(ヒント：債券価格，金利)
- 金融緩和のために日本銀行が大規模な買いオペレーションを行うと，日本銀行のバランスシート（貸借対照表）はどのように変化するだろうか。(ヒント：資産，負債)
- 金融緩和のために日本銀行が大規模な国債購入を行うと，金利はどのように変化するだろうか。(ヒント：債券価格，金利)
- 日本銀行が新規発行の国債を政府から直接引き受け（購入）しないのはなぜだろうか。(ヒント：財政法，財政ファイナンス)

第9章
AD-AS分析

1. AD曲線とAS曲線

第7章と第8章ではIS-LM分析により財・サービス市場と貨幣市場を同時に考えたが，さらに物価と労働市場を含めて分析するためのモデルがAD曲線とAS曲線である。

AD曲線を導き出すため，まず，物価が下がった場合のLM曲線（金利rと所得水準Yの関係を示すグラフ）の変化を考えよう。物価下落前の物価をP^*，物価下落後の物価をP'として，図9-1上方のグラフ（横軸が生産水準Y，縦軸が物価P）にそれぞれ水平な点線を引いておく。図9-1下方の4象限のグラフ（第7章と同じ）の中には，導出済みのIS-LM曲線が実線で描かれている。さて，物価Pが下がると，左下の象限で$\frac{M}{P} = L_1 + L_2$の$\frac{M}{P}$が大きくなる（それに合わせてL_1またはL_2が増加する）ため，右下がりの直線（実線）が左下にシフトする。シフト後の直線（点線）を用いて第7章と同じ要領でLM曲線を導出してみると，右上の象限（横軸が所得水準Y，縦軸が金利r）にL'M'曲線が得られる。物価下落の前後でIS-LM曲線の交点（図中の黒丸）が変わり，交点の生産水準（所得水準と同じ）もY^*からY'へと変わることが分かる。これらの交点（図中の黒丸）から図9-1上方のグラフへと垂直な線を伸ばしていくと，物価P^*と生産水準Y^*の点（物価下落前），物価P'と生産水準Y'の点（物価下落後）を見つけられる。図9-1上方のグラフ（横軸が生産水準Y，縦軸が物価P）に現れた点を結んでいくと，点線のような右下がりの曲線が得られる。これがAD曲線（総需要曲線）である。

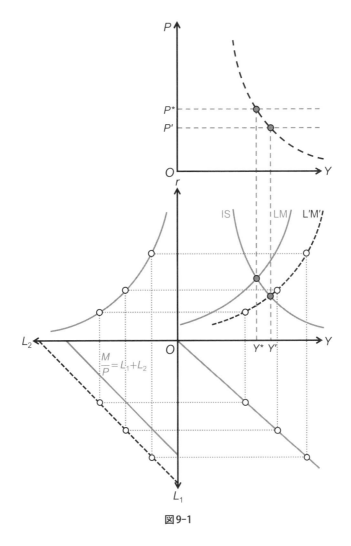

図9-1

今度は**AS曲線**を導き出すため，3つのパーツを用意しよう。

図9-2は実質賃金 $\frac{w}{P}$ と物価 P の関係を表すグラフである。分数の形から，物価が下がると実質賃金は増えるので，右下がりの曲線になる。

図9-3は労働 L と実質賃金 $\frac{w}{P}$ の関係を表すグラフである。ここでは単純化のため労働供給曲線（実質賃金が低すぎると労働供給が減少）は考えず，実質賃

金が下がると労働需要曲線に沿って労働需要が増え雇用されると想定すれば，右下がりの曲線になる。

図9-4は労働Lと生産水準Yの関係を表すグラフである。ここでは単純化のため，生産に必要な資本は考えず（あるいは一定と想定し），労働が増えると生産も増えると想定すれば，右上がりの曲線となる。

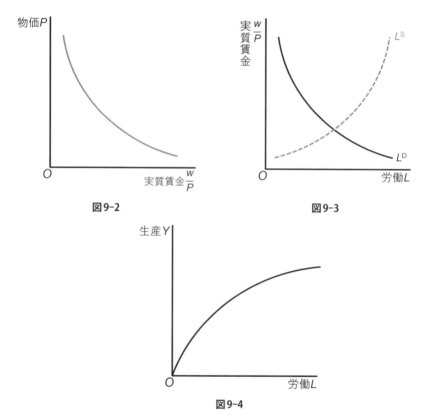

図9-2

図9-3

図9-4

以上の3つのグラフを同じ軸どうしが重なるように回転・反転させて貼り合わせると，図9-5のような4象限のグラフ（ただし，右上の象限はまだ空白）になる。左上の象限の曲線上で適当に3点ほど点をとり，そこから下に垂直に点線を伸ばしていき，左下の象限の曲線と交わるところで右に水平に点線を伸ばしていき，右下の象限の曲線と交わるところで上に垂直に点線を伸ばしていき，

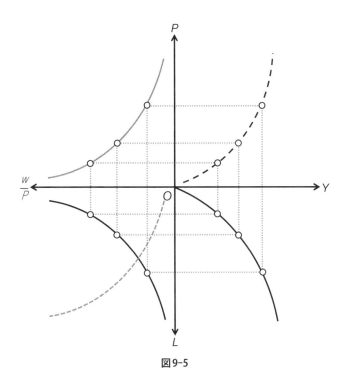

図9-5

　最初の点と同じ高さで止める。これを繰り返し，右上の象限（横軸が生産水準Y，縦軸が物価P）に現れた点を結んでいくと，点線のような右上がりの曲線が得られる。これがAS曲線（総供給曲線）である。

　冒頭の図9-1の作図から導出したAD曲線は，IS-LM曲線で物価が変化したときの生産水準（所得水準と同じ）の変化（図9-6左）から導かれ，右下がりの曲線であった（図9-6右）。この曲線上（生産水準Yと物価Pのさまざまな組み合わせ）で財・サービス市場と貨幣市場の両方が均衡することを意味し，物価Pが上昇したら生産水準Yが下落，物価Pが下落したら生産水準Yが上昇するという関係を示している。この曲線が示す生産水準とはそれぞれの物価の下で需要が期待される生産物の量，つまり，総需要（AD: aggregate demand）である。

　他方，導出したAS曲線は，労働市場の需給曲線で物価が変化したときの雇

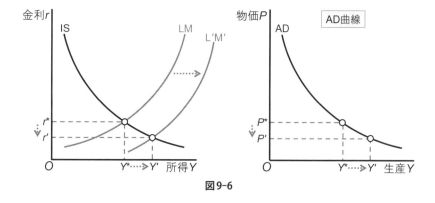

図9-6

用量の変化（図9-7左）に対応する生産水準（所得水準と同じ）の変化から導か
れ，右上がりの曲線であった（図9-7右）。この曲線上（生産水準 Y と物価 P のさ
まざまな組み合わせ）では労働市場で何らかの雇用量があることを意味し，物
価 P が上昇したら生産水準 Y が上昇，物価 P が下落したら生産水準 Y が下落す
るという関係を示している。この曲線が示す生産水準とはそれぞれの物価の下
で供給が期待される生産物の量，つまり，総供給（AS: aggregate supply）である。

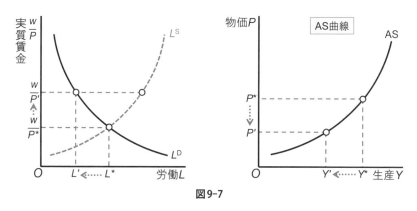

図9-7

以上の AD 曲線と AS 曲線を組み合わせて財・サービス市場，貨幣市場，労
働市場を同時に分析するのが，**AD-AS分析**である（図9-8）。AD曲線（総需要曲
線）は財・サービス市場と貨幣市場の需給を同時に均衡させる物価 P と生産水
準 Y の組み合わせを表し，AS曲線（総供給曲線）は労働市場で決定される雇用

量に対応する物価Pと生産水準Yの組み合わせを表す。AD曲線とAS曲線のグラフを重ね合わせると，両曲線の交点は，一国経済全体の総需要と総供給を均衡させる物価P^*と生産水準Y^*の組み合わせを表す。

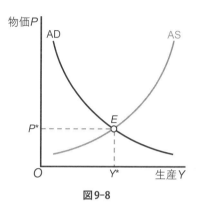

図9-8

2. サプライサイドのAD-AS分析

AD-AS分析を用いれば，供給に関わる生産要素や技術の変化が一国経済全体に及ぼす影響を端的に確認することができる。

原油の供給が制限されて原油高になった場合など，**エネルギー資源**の価格が高騰すると，輸送費や原材料費のために全般的に物価が上昇する。同じ生産水準のもとでコストが増えるため（同じ価格のもとで生産量が減るため），AS曲線が上（左）にシフトする（図9-9）。このような供給側の事情は原則として需要には影響を与えないので，AD曲線には変化が生じない。新しい均衡点では，物価Pが上昇し，生産水準Yが下落している。

技術進歩によって生産性が向上した場合，人件費や原材料費が節約されて全般的に物価が下落する。同じ生産水準のもとでコストが減るため（同じ価格のもとで生産量が増えるため），AS曲線が下（右）にシフトする（図9-10）。このような供給側の事情は原則として需要には影響を与えないので，AD曲線には変化が生じない。新しい均衡点では，物価Pが下落し，生産水準Yが上昇している。

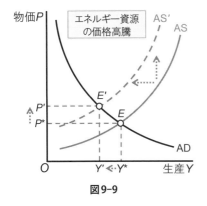

図9-9

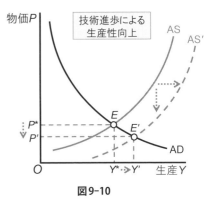

図9-10

3. 財政金融政策のAD-AS分析

AD-AS分析を用いれば，財政政策や金融政策が一国経済全体に及ぼす影響も端的に確認することができる。

財政出動や金融緩和により所得水準が上昇するとき，AD-AS分析では総需要が増えるので，AD曲線が右にシフトする（図9-1の作図で財政金融政策によるIS-LM曲線のシフトを考えると確認できる）。しかし，それが一国経済にどのような影響をもたらすか，ひいては財政金融政策を行うべきか否かは，AD-AS曲線の形によって異なる。

図9-11のように右上がりのAS曲線となるのは，市場の価格変化が完全に伸縮的でも完全に硬直的でもなく，ある程度の時間をかけて生じる場合であり，通常の市場（の見方）を表している。この場合，総需要が増えてAD曲線が右にシフトすると，物価と生産水準がともに変化し（価格調整と数量調整の両方が生じ），総需要と総供給が均衡する点で物価と生産水準が決定される。新しい均衡点を元の均衡点と比べると，生産水準が上昇し，物価も上昇することが分かる。物価の上昇には留意しなければならないものの，拡張的な財政金融政策には生産水準と雇用量を増大させる効果が認められるため，裁量的な財政金融政策による**微調整**（ファイン・チューニング）は行う必要があるという結論に至る。

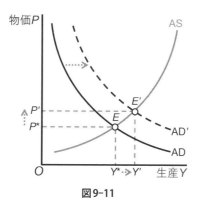

図9-11

　図9-12のように水平なAS曲線となるのは，市場の価格変化が完全に硬直的な場合であり，短期で捉えた市場（あるいはケインズ派の見方）を表している。この場合，物価が一定のまま専ら数量（生産水準）が調整されるので，AS曲線は水平な線になり，AD曲線と交わることによって初めて生産水準が1点に定まる。したがって，総需要が増えてAD曲線が右にシフトすると，物価が一定のまま生産水準が上昇し（価格調整ではなく数量調整が生じ），総需要と総供給が均衡する点で物価と生産水準が決定される。新しい均衡点を元の均衡点と比べると，生産水準は上昇し，物価は上昇しないことが分かる。これは総需要に合わせて総供給（生産水準）が調整されるという有効需要の原理を裏付けている。物価の上昇に留意する必要もなく，拡張的な財政金融政策には生産水準と雇用

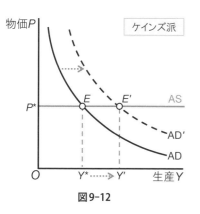

図9-12

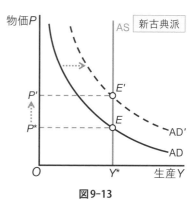

図9-13

量を増大させる効果が認められるため，裁量的な財政金融政策による微調整（ファイン・チューニング）は不可欠であるという結論に至る。

　図9-13のように垂直なAS曲線となるのは，価格変化が完全に伸縮的な場合であり，長期で捉えた市場（あるいは新古典派の見方）を表している。この場合，数量（生産水準）が一定のまま専ら価格が調整されるので，AS曲線は垂直な線になり，AD曲線とは無関係に常に完全雇用の生産水準が実現される。したがって，総需要が増えてAD曲線が右にシフトしても，生産水準が一定のまま物価が上昇し（数量調整ではなく価格調整が生じ），総需要と総供給が均衡する点で物価と生産水準が決定される。新しい均衡点を元の均衡点と比べると，物価は上昇し，生産水準は上昇しないことが分かる。これは総供給に合わせて総需要が生じ物価が調整されるというセイの法則を裏付けている。拡張的な財政金融政策は物価を上昇させるのみで，生産水準と雇用量を増大させる効果は認められないため，裁量的な財政金融政策は市場を混乱させるだけである。むしろ，**ルール化**された政策（財政における歳入と歳出の均衡，マネーストック増加率一定など）が必要であるという結論に至る。

　以上のように価格変化に時間がかかる場合，価格変化が完全に硬直的な場合（ケインズ派），価格変化が完全に伸縮的な場合（新古典派）を見たが，いずれの見方が正しいのか。現実には「価格変化には時間がかかる」と見て，右上がりのAS曲線（図9-11）を考えるのが一般的である。あるいは，短期ではケインズ派の見方（図9-12）が正しい（価格は変わらず数量による調整が生じる）が，長期では新古典派の見方（図9-13）が正しい（時間をかければ価格は十分に調整される）と考える。このような見方に立てば，短期的には拡張的な財政金融政策で有効需要を創出し，非自発的失業を減らすべきだが，長期的には拡張的な財政金融政策を行い続けるべきではない，という結論に至る。

・IS 曲線が $Y = -10000r + 1000$，LM 曲線が $Y = 10000r - 1000 + \dfrac{20000}{P}$ である。労働市場では名目賃金が $w = 1000$ で硬直的であり，雇用量が $L = 20 - \dfrac{w}{P}$ により決定され，生産水準が $Y = 10L$ で決まる。このとき，(1) AD 曲線を表す式，(2) AS 曲線を表す式，(3) AD 曲線と AS 曲線の交点を求めなさい。

（答え：(1) $Y = \dfrac{10000}{P}$，(2) $Y = -\dfrac{10000}{P} + 200$，(3) $Y = 100$，$P = 100$））

《考察》

・財政金融政策に対するケインズ派と新古典派の考えはどちらが正しいだろうか。(ヒント：総供給曲線，時間)

・物価が変わっても労働市場の需給が均衡するように名目賃金が伸縮的に調節される場合の AS 曲線はどのような形になるだろうか。(ヒント：新古典派の総供給曲線)

・物価が完全に硬直的で名目賃金と独立である（連動しない）場合の AS 曲線はどのような形になるだろうか。(ヒント：ケインズ派の総供給曲線)

第10章
物価

1. 財政金融政策の波及プロセス

　物価と労働市場も考慮した場合，財政政策を行うと，図10-1のようなプロセスで影響が波及していく（色の濃い部分が追加部分）。政府支出の拡大や減税を行うと，その金額以上の派生需要が乗数メカニズム（第6章参照）により生み出され，生産が拡大される。生産水準が上昇すれば，労働需要が増加して雇用量が増加し，所得水準と物価が上昇する。所得水準が上昇すると取引動機による貨幣需要が増加し，物価が上昇すると実質貨幣供給が減少するので，金利が上昇する（債券価格は下落する）。金利が上昇すると投資が減少して貯蓄が増加（消費が減少）する。投資や消費が減少すると，生じたはずの派生需要の一部は失われ，生産・所得水準が低下するが，先の生産・所得水準の上昇の方が大きい。このように財政政策の影響は財・サービス市場，貨幣市場，労働市場のす

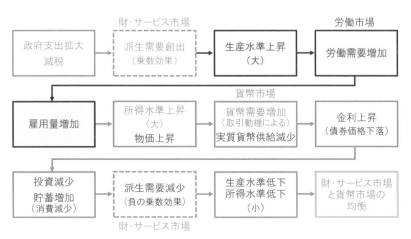

図10-1

べてにまたがって波及していく。

以上のような金利と生産・所得水準と物価への影響（金利上昇，生産・所得水準上昇，物価上昇）はIS-LM分析とAD-AS分析でも確認できた（図10-2）。IS-LM曲線では，政府支出が増加するとIS曲線が右にシフトして，金利が上昇，所得水準が上昇して，財・サービス市場と貨幣市場が均衡する（点E'）。AD-AS曲線では，生産水準が上昇してAD曲線が右にシフトするが（点E'），総需要＞総供給となるため物価が上昇し，総需要と総供給が均衡する（点E''）。

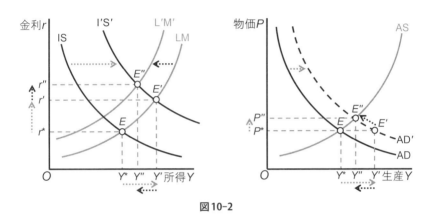

図10-2

物価と労働市場も考慮した場合，金融政策を行うと，図10-3のようなプロセスで影響が波及していく（色の濃い部分が追加部分）。買いオペレーションを行って中央銀行が民間銀行から債券を買うとマネタリーベースが増加し，その金額以上のマネーストックが乗数メカニズム（第6章参照）により生み出され，金利が低下する（債券価格が上昇する）。金利が低下すると投資が増加して貯蓄が減少（消費が増加）する。投資や消費が増加すると，その金額以上の派生需要が乗数メカニズム（第6章参照）により生み出され，生産が拡大される。生産水準が上昇すれば，労働需要が増加して雇用量が増加し，所得水準と物価が上昇する。このように金融政策の影響は貨幣市場，財・サービス市場，労働市場のすべてにまたがって波及していく。

以上のような金利と生産・所得水準と物価への影響（金利低下，生産・所得水

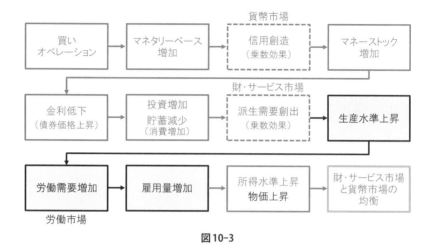

図10-3

準上昇，物価上昇）はIS-LM分析とAD-AS分析でも確認できた（図10-4）。IS-LM曲線では，マネーストックが増加すると，LM曲線が右にシフトし，金利が低下，所得水準が上昇して，財・サービス市場と貨幣市場が均衡する（点E'）。AD-AS曲線では，生産水準が上昇して，AD曲線が右にシフトするが（点E'），総需要＞総供給となるため物価が上昇し，総需要と総供給が均衡する（点E''）。

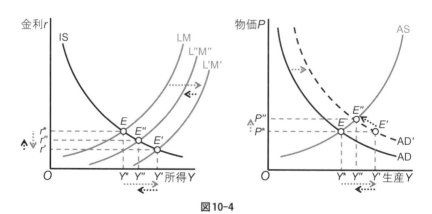

図10-4

2. 物価指数

　実際に物価変動を把握するには**物価指数**を計算しなければならない。代表的な物価指数の1つは**GDPデフレーター**であり，名目GDPと実質GDPを用いて計算される。ある年の名目GDPは，その年に生産されたすべての財・サービスの「価格×数量」を足し合わせて計算されるため，価格，数量，またはその両方の変化によって増減する。他方，ある年の実質GDPは，過去の特定の年を基準年と定め，その基準年と比べる比較

Hermann Paasche
（ハーマン・パーシェ）
（1851-1925）

年に生産されたすべての財・サービスの「基準年の価格×比較年の数量」を足し合わせて計算されるため（基準年固定価格方式の場合），数量の変化によってのみ増減する。名目GDP（物価変動を含む）と実質GDP（物価変動を含まない）の両方が分かれば，物価変動を示すGDPデフレーターを求めることができる。基準年のGDPデフレーターを100とすると，比較年のGDPデフレーターは，

$$\text{GDPデフレーター} = \frac{\text{名目 GDP}}{\text{実質 GDP}} \times 100$$

$$= \frac{[\text{比較年の価格×比較年の数量}]\text{の合計}}{[\text{基準年の価格×比較年の数量}]\text{の合計}} \times 100$$

により計算され，基準年と比較した物価の変化を示す指標である。これは，比較年における価値額と，比較年の組み合わせの財を基準年の価格で買った場合の価値額との比率になっている（**パーシェ指数**と呼ばれる）。GDPデフレーターはGDPをもとに計算されるため，GDPに含まれる国内で生産されたすべての財・サービスを対象とする物価指数である。

　他の物価指数には消費者物価指数や企業物価指数がある。**消費者物価指数**（CPI: consumer price index）は，消費者に小売りされる消費財（輸入品含む）の価格変化を測る指数であり，全国の世帯の平均的な消費内容（バスケット）を定め，各品目の重要度（支出額）に応じたウェイトを付けて計算されている。ただし，

Ernst Louis Étienne Laspeyres
（エティエンヌ・ラスパイレス）
（1834-1913）

生鮮食品は価格が天候等に左右されやすい，エネルギー資源の価格は海外の動向に左右されやすい，という特徴があるため，生鮮食品を除いた指数（**コアCPI**）や食料・エネルギーを除いた指数（**コアコアCPI**）も計算されている。他方，**企業物価指数**（CGPI: corporate goods price index）は，企業間で取引される原材料や中間製品などの財の価格変化を測る指数であり，国内で生産した国内需要向けの財，輸出品および輸入品を対象とし，各品目の重要度（出荷額や輸出入額）に応じてウェイトを付けて計算されている。生産段階で取引される財の価格を測っているため，消費者物価指数やGDPデフレーターよりも先に変化が現れ始める傾向がある。消費者物価指数と企業物価指数は同種の計算方法で計算されており，基準年の指数を100とすると，比較年の指数は，

$$\frac{[比較年の価格 \times 基準年の数量]の合計}{[基準年の価格 \times 基準年の数量]の合計} \times 100$$

と計算される。これは，基準年の組み合わせの財を比較年の価格で買った場合の価値額と，基準年における価値額との比率になっている（**ラスパイレス指数**と呼ばれる）。

1970年以降の日本の物価指数の推移は，図10-5のようになっている。物価指数により対象としている品目が異なるため，各指数の動きは異なることがある。1973年には第1次オイルショックが起き，物価上昇率が20％を超える「狂乱物価」となった。消費者物価指数，企業物価指数，GDPデフレーターのいずれもが大きく上昇した。1979年の第2次オイルショックや2008年の原油高の際には，消費者物価指数やGDPデフレーターよりも企業物価指数が大きく上昇した。1985年のプラザ合意（ドル高是正に向けた国際的な合意）では，急速な円高ドル安が進んで輸入品の物価が下落し，消費者物価指数，GDPデフレーターよりも企業物価指数が大きく下落した。1991年のバブル崩壊を経て1990年代後半からはデフレの時代であり，各指数の物価上昇率が度々マイナスになっ

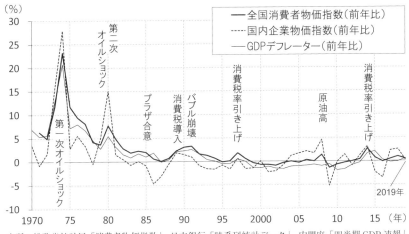

出所：総務省統計局「消費者物価指数」，日本銀行「時系列統計データ」，内閣府「四半期GDP速報」

図10-5　物価指数の推移

た。ただし，1989年の消費税導入の際と同じように，1997年と2014年の消費税率引き上げの際には，いずれの指数も上昇していることが分かる。2013年以降は日本銀行の金融政策において2%の「物価安定の目標」（消費者物価の前年比上昇率2%）が掲げられているが，増税時の一時的な影響を除けば達成されていない。

3.　インフレーションとデフレーション

　一部の財・サービスの価格が高くなったり安くなったりするのは，他の財・サービスに対する**相対価格**が変化しているに過ぎない。それに対して，あらゆる財・サービスの価格全般のことを**一般物価水準**（あるいは単に物価）と呼ぶ。**インフレーション**とは一般物価水準が持続的に上昇すること，**デフレーション**とは一般物価水準が持続的に下落することである。

　たとえば図10-6のように，インフレーションが生じて物価が$\frac{3}{2}$倍になれば，財を購入するために$\frac{3}{2}$倍の貨幣が必要となる（たとえば，200万円の自動車は300万円になる）。デフレーションが生じて物価が$\frac{1}{2}$になれば，財を購入する

ために$\frac{1}{2}$の貨幣しか必要でなくなる（たとえば，200万円の自動車は100万円になる）。このとき貨幣の側に注目すれば，上記のインフレーションでは財の価値を基準にしたときの貨幣の価値（購買力）が$\frac{2}{3}$になり（たとえば，100万円の価値が自動車$\frac{1}{2}$台分から自動車$\frac{1}{3}$台分に下落しており），上記のデフレーションでは財の価値を基準にしたときの貨幣の価値（購買力）が2倍になっている（たとえば，100万円の価値が自動車$\frac{1}{2}$台分から自動車1台分に上昇している）。したがって，インフレーションは**貨幣価値**の相対的な下落，デフレーションは貨幣価値の相対的な上昇でもある。

　他方，金融資産・負債は貨幣額で表されているため，インフレーションやデフレーションのみによってその名目額が変わることはない（たとえば，200万円の借金はインフレーションが生じてもデフレーションが生じても200万円である）。しかし，その実質的な価値はインフレーションが生じると相対的に下落し（200万円の借金を返しやすくなり），デフレーションが生じると相対的に上昇する（200万円の借金を返しにくくなる）。したがって，物価が変化すると，貨幣価値の相対的な変化によって，実質的に金利が変化したのと同じような影響が生じることが分かる。物価の変化を考慮しない金利を**名目金利**と呼ぶのに対して，物価

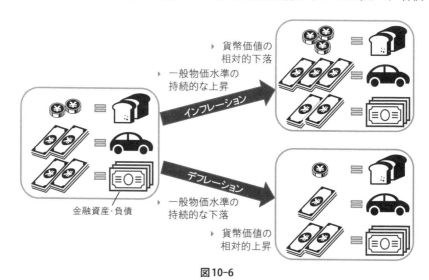

図10-6

の変化をふまえた実質的な金利は**実質金利**（＝名目金利－期待インフレ率）と呼ばれ，インフレーションが予想されるときに低下，デフレーションが予想されるときに上昇する。

　インフレーションやデフレーションにおいては，**強制的な所得の再分配**が生じる。インフレーションにおいては貨幣価値が相対的に下落する。名目賃金が変わらない限り（あるいは，物価ほどには上がらない限り），労働者の実質賃金（＝名目賃金÷物価）が減少し，家計の購買力が減少することになる。金融資産・負債の実質価値が下がるので，（金利や資産価格が変わらない限りは）金融資産を保有する者や債権者に不利，債務者に有利となる。国債（国にとっての負債）の実質価値も下がるので，国（債務者）に有利，保有する国民（債権者）に不利となる。他方，デフレーションにおいては貨幣価値が相対的に上昇する。名目賃金が変わらない限り（あるいは，物価ほどには下がらない限り），労働者の実質賃金（＝名目賃金÷物価）が増大し，家計の購買力が増大することになる。金融資産・負債の実質価値が上がるので，（金利や資産価格が変わらない限りは）金融資産の保有者や債権者に有利，債務者に不利となる。国債（国にとっての負債）の実質価値も上がるので，保有する国民（債権者）に有利，国（債務者）に不利となる。

　インフレーションやデフレーションは，人々の期待（予想）を通して現在の行動にも影響を及ぼす。物価が上昇し続けるであろうという**インフレ期待**（インフレ予想）が高まると，将来の方が購買力が下がるので，現在において**買い増し**（消費の増進，貯蓄の減退）が生じる可能性が高い。また，貨幣価値が相対的に下落し続けていくとなれば実質金利（＝名目金利－期待インフレ率）が下落して，借入の実質負担が減っていくので，投資も増大する可能性が高い。逆に，物価が下落し続けるであろうという**デフレ期待**（デフレ・マインド）が高まると，将来の方が購買力が上がるので，現在において**買い控え**（消費の減退，貯蓄の増進）が生じる可能性が高い。また，貨幣価値が相対的に上昇し続けていくとなれば実質金利（＝名目金利－期待インフレ率）が上昇して，借入の実質負担が増していくので，投資も減少する可能性が高い。

　以上のような人々の期待（予想）が硬直的であるときには，インフレーショ

ンまたはデフレーションの一方が長期にわたって持続しやすくなり，悪循環に陥ることがある。たとえば，インフレーションの下で生産要素（労働や原材料など）が不足すると，企業の生産費が増大するためにさらに総供給が減少し，景気悪化や失業を伴いながら物価上昇が進行することがある（**スタグフレーション**）。また，デフレーションの下で企業業績の悪化により名目賃金が下落すると，家計の購買力が減少するためにさらに総需要が減少し，景気悪化や失業を伴いながら物価下落がさらに進行することがある（**デフレ・スパイラル**）。特に企業や家計が負債を抱えていると，デフレーションによってその返済負担が増し，投資や消費を控えざるを得ないことから，デフレーションが長期化・深刻化しやすい（**デット・デフレーション**）。

　インフレーション（裏返せばデフレーション）はその発生原因によって主に3種類あると考えられている。第1に**ディマンド・プル・インフレーション**（需要インフレーション）は，財・サービス市場の総需要が総供給（潜在GDP）を超過することによって生じる物価上昇である。市場における需要と供給の関係（**価格メカニズム**）で価格が決定される財・サービスを中心に生じやすい。たとえば，家計の消費増や企業の投資増によって財・サービス価格が上昇するような場合である。総需要と総供給の差である**需給ギャップ**は，総需要＞総供給のときには物価上昇圧力をもたらし（**インフレギャップ**），総需要＜総供給のときには物価下落圧力をもたらす（**デフレギャップ**）。第2に**コスト・プッシュ・インフレーション**（コストインフレーション）は，生産要素（労働や原材料など）の費用増大によって生じる物価上昇である。企業が生産費に一定比率の利潤を加える方法（**マークアップ原理**）で価格を決定している財・サービスを中心に生じやすい。たとえば，原油高や円安による原材料価格上昇や労働力不足による賃金上昇によって財・サービス価格が上昇するような場合である。第3に**マネタリー・インフレーション**は，貨幣量の増大によって生じる物価上昇である。金融緩和によってマネーストックが増加した場合などに生じると考えられているが，これについては以下で詳しく考えよう。

4. 貨幣量と物価

　貨幣量が増えると本当に物価は上昇するのだろうか。貨幣量であるマネーストックをM，貨幣の使用回数をV，物価をP，取引量をTとすれば，**フィッシャーの交換方程式**が常に成立する。

$$MV = PT$$

Irving Fisher
（アーヴィング・フィッシャー）
(1867–1947)

これは総額PTの取引を媒介するためにMという量の貨幣がVという回数用いられることを意味し，Vは**貨幣の流通速度**と呼ばれる。ここで古典派や新古典派の**貨幣数量説**のようにVとTがほぼ一定である（少なくとも長期的には）と仮定すれば，物価PはマネーストックMに比例して変化することになる。

　あるいは，取引量ではなく所得水準と貨幣量との関係に注目することもできる。マネーストックをM，物価をP，実質所得水準（実質GDP）をYとし，名目所得水準（名目GDP）PYに対するマネーストックの比率をkとすれば，**ケンブリッジ方程式**（現金残高方程式）が成立する。

$$M = kPY$$

これは貨幣量Mが名目所得水準PYのk倍であることを意味する。このkは**マーシャルのk**と呼ばれ，貨幣の流通速度（この場合は貨幣の所得速度と呼ぶ）の逆数（分母と分子を逆にした数）である。ここでも貨幣数量説や**マネタリズム**のようにkとYがほぼ一定であると仮定すれば，物価PはマネーストックMに比例して変化することになる。

　このように貨幣の流通速度（またはその逆数）が一定であり，経済全体の取引量または所得水準も一定である（価格調整により完全雇用の水準にある）と仮定

Alfred Marshall
（アルフレッド・マーシャル）
(1842–1924)

すれば，貨幣量であるマネーストックの増減は，物価を変化させるだけで所得水準のような実物的側面には影響を与えないことになる（**貨幣の中立性**）。

　他方，ケインズ派の考えは異なる。ケンブリッジ方程式を物価 P で割ると，

$$\frac{M}{P} = kY$$

となり，$\frac{M}{P}$ は実質貨幣供給，kY（所得水準の一定倍）は貨幣需要と解釈できるが，ケインズの流動性選好説（第4章参照）によれば，貨幣需要は所得水準だけでなく金利によっても左右されるはずである。金利が下がれば（債券価格が上がれば）人々は資産として貨幣を好んで保有するため，貨幣の流通速度 V は低下（マーシャルの k は上昇）するはずであろう。また，有効需要の原理（第3章参照）によれば，所得水準が完全雇用の水準を下回ることがあるため，Y も一定ではない。このように k と Y が一定でない（少なくとも短期的には）と仮定すれば，物価 P は常にマネーストック M に比例して変化するとは限らないことになる。

5．失業率と物価

　ケインズ派によれば，失業率と物価には深い関係がある。**フィリップス曲線**は，図10-7のように，名目賃金または物価の上昇率と失業率との間の負の相関関係（名目賃金または物価が上がれば失業が減る関係）を示す曲線である。これによると，インフレーションと失業の間には**トレードオフ**の関係が見られ，物価上昇と失業率上昇の両方を同時に防ぐことはできないが，物価上昇を伴いながらであれば失業率を

Alban William Housego Phillips
（アルバン・フィリップス）
（1914-1975）

下げる（図中の右下がりの曲線上を左上に動く）ことができる。物価上昇が許容される範囲では裁量的な財政金融政策による微調整（ファイン・チューニング）によって失業を減らすべきだという結論に至る。

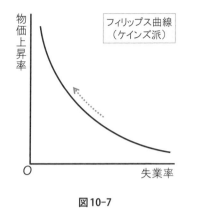

図10-7

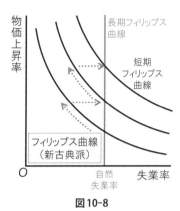

図10-8

　他方，新古典派のミルトン・フリードマンは，図10-8のように，短期フィリップス曲線と長期フィリップス曲線の区別を提唱した。これによると，短期のフィリップス曲線に沿って，一時的には物価上昇を伴いながら失業率を低下させることができるが，長期のフィリップス曲線は垂直なので，長期的には失業率は**自然失業率**と呼ばれる水準（自発的・摩擦的・構造的失業のみの失業率）に戻って物価上昇が残るのみである（図中の右下がりの曲線上を左上に動いても垂直な線まで引き戻される）。したがって，裁量的な財政金融政策を行うのではなく，ルール化された政策（たとえば，財政における歳入と歳出の均衡，マネーストック増加率一定など）を行うべきだという結論に至る。

・ある国の経済が以下の産業A・Bのみからなり，互いに中間投入がないとき，2005年の名目GDP，2015年の名目GDP，2005年基準の2015年の実質GDP，2005年基準の2015年のGDPデフレーター（パーシェ指数），2005年基準の2015年のラスパイレス指数を計算しなさい。

	産業A（財A）			産業B（財B）	
	2005年	2015年		2005年	2015年
価格	30	40	価格	20	60
数量	40	60	数量	40	10

（答え：2005年の名目GDP＝2000，2015年の名目GDP＝3000，2005年基準の2015年の実質GDP＝2000，2005年基準の2015年のGDPデフレーター＝150，2005年基準の2015年のラスパイレス指数＝200）

・ある国の経済において，フィッシャーの交換方程式 $MV = PT$ が成立している。マネーストック $M = 5000$，物価 $P = 100$，取引量 $T = 100$ であるとき，貨幣の流通速度 V はいくつか。

（答え：$V = 2$）

・ある国の経済において，ケンブリッジ方程式 $M = kPY$ が成立している。マネーストック $M = 5000$，物価 $P = 100$，実質所得水準 $Y = 100$ であるとき，マーシャルの k はいくつか。

（答え：$k = \dfrac{1}{2}$）

┌─ **《考察》** ───
│
│ ・財・サービスの価格にまったく変化がないが，技術革新によってその品質や
│ 性能が向上している場合，物価はどのように捉えるべきだろうか。(ヒント：
│ 品質調整)
│
│ ・日本においてはインフレーションとデフレーションのどちらが望ましいだろ
│ うか。(ヒント：資産家，債権者，債務者，政府債務残高，デフレ・マイン
│ ド，インフレ期待)
│
│ ・金融緩和によってマネーストックが増加しても物価が上がらないのはどのよ
│ うな場合だろうか。(ヒント：貨幣の流通速度，マーシャルのk，実質GDP)
│
│ ・株式や不動産などの資産価格の上昇（資産インフレ）は財・サービスの一般
│ 物価水準の上昇（インフレ）につながるだろうか。(ヒント：資産効果，バラ
│ ンスシート)
│
└──

第11章
国際収支と為替レート

1. 国際収支と国際貸借

　一国経済全体の財・サービスや貨幣の流れの中には，海外部門に関わる部分がある（図11-1）。**国際収支統計**（2014年1月から新統計）は，そのような一国の対外経済関係を，居住者と非居住者との間の一定期間における受取り・支払いまたは物資・サービス・資本の流れで捉えたものである（表11-1）。

　経常収支は，貿易・サービス収支，第一次所得収支，第二次所得収支からなる。**貿易・サービス収支**は，財貨の輸出入とサービス取引（輸送，旅行，金融，知的財産権使用料等）の収支である。たとえば，日本から海外への財の輸出，外国人の訪日旅行など，日本の居住者が非居住者から支払いを受け取るときに増加し，逆に日本の海外からの財の輸入，日本人の海外旅行など，日本の居住者が非居住者に支払いをするときに減少する。**第一次所得収支**は，雇用者報酬（賃金・給与等），投資収益（利子・配当金等），その他第一次所得（生産にかかる税・補助金など）の受取り・支払いの収支である。**第二次所得収支**は，官民の無償資金協力，寄付，贈与などの，対価を伴わない資産提供の収支である。

　資本移転等収支は，対価を伴わない固定資産の提供，債務免除のほか，非金融非生産資産（特許権，著作権，商標権，リース契約等）の取得処分等の収支である。

　金融収支は，直接投資（海外企業の取得，海外支店・工場の設立等），証券投資，金融派生商品，その他投資，外貨準備（通貨当局の管理下にある外貨資産）など，金融資産にかかる債権・債務の移動を伴う取引の収支である。対外金融資産の取得（または対外金融負債の返済）で増加，対外金融資産の処分（または対外金融負債の発生）で減少する。

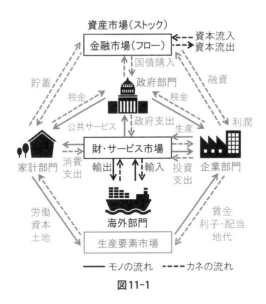

資産市場（ストック）

金融市場（フロー）

資本流入
資本流出

国債購入

政府部門

貯蓄

税金

税金

融資

公共サービス

政府支出

生産

利潤

財・サービス市場

家計部門

消費
支出

輸出

輸入

投資
支出

企業部門

海外部門

労働
資本
土地

賃金
利子・配当
地代

生産要素市場

——— モノの流れ　----カネの流れ

図11-1

表11-1

経常収支
貿易・サービス収支
貿易収支
サービス収支
第一次所得収支
第二次所得収支
資本移転等収支
金融収支
直接投資
証券投資
金融派生商品
その他投資
外貨準備
誤差脱漏

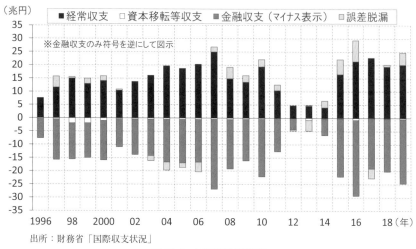

出所：財務省「国際収支状況」

図11-2　国際収支の推移

　図11-2は，1996～2019年の日本の国際収支を示している。これを見ると分かるように，経常収支，資本移転等収支，誤差脱漏を足し合わせた金額は金融収支に等しい（この点が分かり易いように，グラフでは金融収支の符号を逆にして図示している）。国際収支統計においては，

$$経常収支＋資本移転等収支－金融収支＋誤差脱漏 \equiv 0$$

という恒等式が必ず成立する。たとえば，海外に財を輸出すれば経常収支の増加となる一方で，それにより受け取る支払いは対外金融資産の増加となり，金融収支が同額だけ増加するからである。

　図11-3は，日本の経常収支とその内訳のみを取り出したグラフである。**貿易収支**は1964～2010年は黒字，2011～2015年は赤字，2016年以降は再び黒字である。**サービス収支**は1960年以降，赤字である。それらを合計した**貿易・サービス収支**は，1981～2010年は黒字，2011～2015年は赤字，2016年以降は再び黒字である。そして，経常収支（＝貿易・サービス収支＋第一次所得収支＋第二次所得収支）は1981年以降，黒字である。経常収支が黒字であれば（資本移転等収支に大きな変化がない限り），金融収支も黒字，つまり，対外金融資産

（兆円）

■貿易収支　■サービス収支　□第一次所得収支
□第二次所得収支　-□-貿易・サービス収支　-○-経常収支

出所：財務省「国際収支状況」

図11-3　経常収支の推移

が純増することになる。

　以上の国際収支がフロー統計であるのに対し，**国際貸借（対外資産負債残高）**はストック統計である（図11-4）。長期にわたって経常収支黒字が続いていた結果，日本の対外資産残高は2019年末時点で1,097兆円に上る。対外純資産（＝

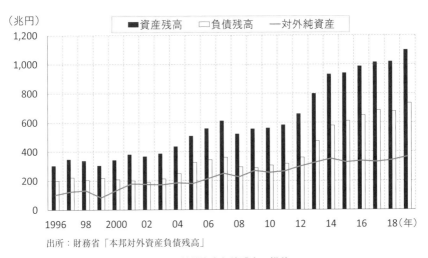

（兆円）

■資産残高　□負債残高　―対外純資産

出所：財務省「本邦対外資産負債残高」

図11-4　対外資産負債残高の推移

資産残高－負債残高）は364兆円であり，対外資産負債残高を公表している国の中では29年連続で世界最大である。

2. 経常収支と財政収支

　以上で見た経常収支は，国内の財政収支と密接な関係にある。第2章で見たように，GDPの支出面と分配面はそれぞれ次の式で表された。

$$\underset{\text{GDP}}{Y} \equiv \underset{\text{消費}}{C} + \underset{\text{投資}}{I} + \underset{\text{政府支出}}{G} + \underset{\text{輸出}}{EX} - \underset{\text{輸入}}{IM}$$

$$\underset{\text{GDP}}{Y} \equiv \underset{\text{消費}}{C} + \underset{\text{貯蓄}}{S} + \underset{\text{税金}}{T}$$

これらの式の右辺どうしをイコールで結んで整理すると，

$$\underset{\text{消費}}{C} + \underset{\text{投資}}{I} + \underset{\text{政府支出}}{G} + \underset{\text{輸出}}{EX} - \underset{\text{輸入}}{IM} \equiv \underset{\text{消費}}{C} + \underset{\text{貯蓄}}{S} + \underset{\text{税金}}{T}$$

$$\underset{\text{輸出}}{EX} - \underset{\text{輸入}}{IM} \equiv \underset{\text{民間貯蓄投資差額}}{(S - I)} + \underset{\text{財政収支}}{(T - G)}$$

このような**貯蓄投資バランス式**が得られる。$EX - IM$は輸出から輸入を引いた純輸出の額（貿易・サービス収支）であり，輸出が輸入よりも多ければ黒字（プラス），輸出が輸入よりも少なければ赤字（マイナス）となる。$S - I$は企業や家計の貯蓄から投資を引いた額（民間貯蓄投資差額）であり，貯蓄が投資よりも多ければ黒字（プラス），貯蓄が投資よりも少なければ赤字（マイナス）となる。$T - G$は税収から政府支出を引いた額（財政収支）であり，税収が政府支出よりも多ければ黒字（プラス），税収が政府支出よりも少なければ赤字（マイナス）となる。

　より正確に捉えれば，貯蓄投資バランス式は，貿易・サービス収支だけでなく経常収支（＝貿易・サービス収支＋第一次所得収支＋第二次所得収支）について成立し，一国の経常収支は民間貯蓄投資差額と財政収支の合計に等しい。たとえば日本について，図11-3のように経常収支が黒字（プラス），図8-6のように

財政収支が赤字（マイナス）であるとき，民間貯蓄投資差額は必ず黒字（プラス）である。

$$経常収支 \underset{(+)}{=} 民間貯蓄投資差額 \underset{(+)}{+} 財政収支 \underset{(-)}{}$$

これは民間の企業や家計の貯蓄超過が金融機関を通じて国債購入に回り，政府の財政赤字を資金的に支えていること，それでもなお残る貯蓄超過が経常収支黒字となって対外金融資産の純増につながっていることを意味する。経常収支が黒字である限りは，その年の財政赤字を国内の貯蓄（による国債購入）で賄うことができ，海外からの国債購入に頼らなくてよいということである。

3. 国際貿易

　国々はなぜ貿易をするのか。古くから国際貿易には賛成の議論と反対の議論とが展開されてきた。

　自由貿易に賛成の古典的な議論としては，比較生産費説が有名である。アダム・スミス（Adam Smith）が提唱した**絶対生産費説**は，各国が他国と比べて生産費用が低い財の生産（**絶対優位**である産業）に特化すれば，国際貿易から利益を得ることができるという考えである。それに対しデイヴィッド・リカード（David Ricardo）の**比較生産費説**は，自国の中で相対的に生産費用が低い財（厳密には，他国と比べて生産の機会費用が低い財）の生産（**比較優位**である産業）に特化すれば，国際貿易から利益を得ることができるという考えである。この考えによれば，いかなる国でも国際的な分業に貢献し，より大きな市場の中で利益を得られることになる。

　表11-2のようにA国とB国が自動車と小麦を生産している場合を考えよう。貿易をしない場合，A国もB国も自

Adam Smith
(1723-1790)

David Ricardo
(1772-1823)

表11-2

貿易なし	労働投入		生産量		1単位の生産に必要な労働投入	
	自動車	小麦	自動車	小麦	自動車	小麦
A国	500	500	100	50	5	10
B国	2000	2000	50	100	40	20

貿易あり	労働投入		生産量		貿易前と比べた生産量の変化	
	自動車	小麦	自動車	小麦	自動車	小麦
A国	1000	0	200	0	+100	-50
B国	0	4000	0	200	-50	+100

動車と小麦を生産しており，A国で自動車1単位の生産に必要な労働投入は
$500 \div 100 = 5$，A国で小麦1単位の生産に必要な労働投入は$500 \div 50 = 10$，B
国で自動車1単位の生産に必要な労働投入は$2000 \div 50 = 40$，B国で小麦1単位
の生産に必要な労働投入は$2000 \div 100 = 20$である。このとき，A国はいずれの
財もB国より少ない労働投入で生産できるという意味で絶対優位であるが，各
国の中で相対的に生産費用が低い（厳密には，他国と比べて生産の機会費用が低い）
という意味で比較優位である財は異なる。生産の**機会費用**（ある財を生産するこ
とにより生産できなくなるもの）を計算すると，B国で自動車を1単位多く生産
するには小麦の生産を$40 \div 20 = 2$単位減らさなければならないが，A国で自動
車を1単位多く生産するには小麦の生産を$5 \div 10 = \frac{1}{2}$単位減らせばよい。同
様に，A国で小麦を1単位多く生産するには自動車の生産を$10 \div 5 = 2$単位減
らさなければならないが，B国で小麦を1単位多く生産するには自動車の生産
を$20 \div 40 = \frac{1}{2}$単位減らせばよい。

　貿易をする場合，A国，B国はそれぞれ比較優位の財，つまり自国の中で労
働投入で測った生産費用が相対的に低い方の財（厳密には，他国と比べて生産の
機会費用が低い方の財）の生産に特化し，他方の財は海外から輸入するのが賢
明である。つまり，A国は自動車だけをできる限り多く生産し，B国は小麦だ
けをできる限り多く生産する。それぞれ利用可能な労働をすべて注ぎ込んで生
産するとすれば，A国の自動車の生産量は200，B国の小麦の生産量は200と
なり，貿易しない場合の両国を合わせた生産量よりも50ずつ多くの生産が可
能となることが分かる。A国では国内で以前と同じ数量を販売しても自動車が

100余り，B国では国内で以前と同じ数量を販売しても小麦が100余るので，それらを他方の国に輸出できる。もし他方の国に輸出しても余る場合には，さらに別の国へ輸出するか，あるいは，最初から150ずつの生産を目指し，余った労働をまったく別の財・サービスの生産に投入することも考えられる。

保護主義（自由貿易に反対）の古典的な議論は，フリードリヒ・リスト（Georg Friedrich List）の**幼稚産業保護論**である。発展段階の初期にある産業は，将来的に生産性が向上する可能性があるため，当初の間は国際競争から保護されるべきだという考えである。あるいは，**国内雇用の維持**が自由貿易反対の論拠となることもある。海外製品は国内製品の代替財となり，国内の雇用を奪う恐れがあるため，輸入を制限すべきだという考えであり，今日でも自由貿易を阻むべき理由に挙げられることが多い。

Georg Friedrich List
(1789-1846)

　輸出と輸入の数量を決定する主な要因は3つある。第1は自国の景気であり，自国で景気が改善すると，海外製品に対する国内需要が増加するため，輸入が増加する。第2は海外の景気であり，海外の景気が改善すると，自国製品に対する海外需要が増加するため，輸出が増加する。第3は自国通貨の為替相場である。自国通貨高（円高）になると，輸入製品の価格が下落するため輸入が増加し，輸出製品の価格が上昇するため輸出が減少する。自国通貨安（円安）になると，輸入製品の価格が上昇するため輸入が減少し，輸出製品の価格が下落するため輸出が増加する。為替レートの変化は，概ねこのように輸出と輸入を左右すると考えられているが，これについては以下で詳しく考えよう。

4. 為替レート

　図11-5は，1965〜2020年のドル/円の為替レートの推移である。かつては**固定為替相場制**がとられていた。1944年7月からの**ブレトンウッズ体制**では，

各国通貨間の交換比率は固定され，1ドル360円であった。**国際通貨基金**（IMF）が設立され，為替相場の安定のために加盟国が共同出資し，必要な国が借入を行えるようになった。また，**国際復興開発銀行**（IBRD，現・世界銀行グループの1つ）が設立され，途上国の経済開発，旧社会主義国の市場経済移行のための融資が行われるようになった。1971年8月には**ニクソン・ショック**によってドルの金兌換が停止され，これを機に同年12月から**スミソニアン体制**に移行して1ドル308円となった。しかし，1973年3月には**変動為替相場制**に移行し，管理フロート制がとられることとなる。各国通貨間の交換比率が諸外国の需要と供給を反映して自由に変動する仕組みだが，各国の通貨当局は乱高下を防ぐため，**スムージング・オペレーション**と称する介入を行うことがある。1985年9月には**プラザ合意**においてG5がドル高是正に向けて合意し，急速な円高ドル安が進んだ。1999年1月から欧州連合（EU）の統一通貨である**ユーロ**が導入され，欧州中央銀行（ECB）が管理しているが，2008年には**リーマンショック**により急激なユーロ安となった。

　為替レートの変化は輸出や輸入にどのような影響を与えるのか。表11-3は，日本がアメリカに財Aと財B（どちらも720円）を輸出し，アメリカから財Cと

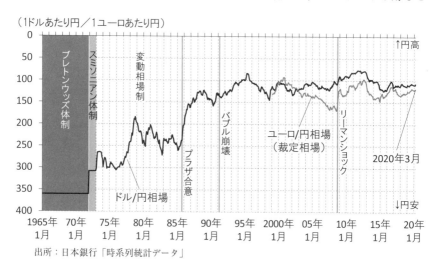

出所：日本銀行「時系列統計データ」

図11-5　為替レートの推移

財D（どちらも1ドル）を輸入するとき，円高および円安によって輸出額や輸入額がどのように変化するかを例示している。

日本で720円の商品は，1ドル＝100円のときに輸出すれば7.2ドル，1ドル＝80円のときに輸出すれば9ドル，1ドル＝120円のときに輸出すれば6ドルになる。アメリカでの需要は，ドルでの価格が下がったときの方が増えるため，円高よりも円安のときの方が輸出数量は増える。しかし，財A・財Bそれぞれの輸出価格×輸出数量を計算してみると，ドル建ての輸出額が増えるか減るかは，為替レートだけでなく**輸出の価格弾力性**（海外での需要が価格の変化によってどの程度変化するか）にも左右される。円安だと輸出価格が安くなるので輸出数量は増えるが，その伸びが十分でない場合（財Bのような場合），輸出額はむしろ減少することが分かる（ただし，円に換算すると，輸出企業の売上高となる輸出額は，円高のときは**為替差損**が生じて常に減少，円安のときは**為替差益**が生じて常に増加することが分かる）。

同様に，アメリカで1ドルの商品は，1ドル＝100円のときに輸入すれば100

表11-3

	←円高		円安→
	1ドル＝80円	1ドル＝100円	1ドル＝120円
財Aの輸出価格（ドル）	9ドル	7.2ドル（720円）	6ドル
財Aの輸出数量	50	100	150
財Aの輸出額（ドル）	450ドル	720ドル	900ドル
財Bの輸出価格（ドル）	9ドル	7.2ドル（720円）	6ドル
財Bの輸出数量	90	100	110
財Bの輸出額（ドル）	810ドル	720ドル	660ドル

	←円高		円安→
	1ドル＝80円	1ドル＝100円	1ドル＝120円
財Cの輸入価格（円）	80円	100円（1ドル）	120円
財Cの輸入数量	150	100	50
財Cの輸入額（円）	12,000円	10,000円	6,000円
財Dの輸入価格（円）	80円	100円（1ドル）	120円
財Dの輸入数量	110	100	90
財Dの輸入額（円）	8,800円	10,000円	10,800円

円，1ドル＝80円のときに輸入すれば80円，1ドル＝120円のときに輸入すれば120円になる。日本での需要は，円での価格が下がったときの方が増えるため，円安よりも円高のときの方が輸入数量は増える。しかし，財C・財Dそれぞれの輸入価格×輸入数量を計算してみると，円建ての輸入額が増えるか減るかは，為替レートだけでなく**輸入の価格弾力性**（日本での需要が価格の変化によってどの程度変化するか）にも左右される。円高だと輸入価格が安くなるので輸入数量は増えるが，その伸びが十分でない場合（財Dのような場合），輸入額はむしろ減少することが分かる。

5. 財政金融政策と海外部門

　海外部門の存在は財政金融政策の効果を左右する。財政出動（拡張的な財政政策）を行って金利が上昇した場合，海外からの資本流入が起き，自国通貨高（円高）となる（図11-6）。自国通貨高（円高）が進むと，輸出減少・輸入増加が

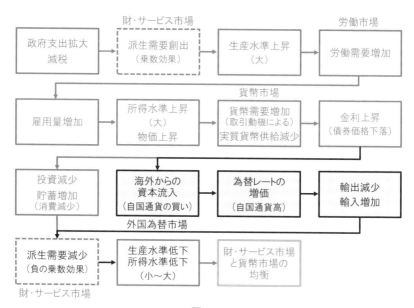

図11-6

生じ，その分だけ生じたはずの派生需要が損なわれる。したがって，海外部門の影響が大きければ，財政政策の効果が相殺される可能性がある（**マンデル＝フレミング効果**）。その場合，財政政策と金融政策を同時に行って金利上昇を抑制することが有効である。

　金融緩和（拡張的な金融政策）を行って金利が低下した場合，海外への資本流出が起き，自国通貨安（円安）となる（図11-7）。自国通貨安（円安）が進むと，輸出増加・輸入減少が生じ，新たに派生需要が生み出される。したがって，海外部門の影響が大きくても，金融政策の効果はむしろ増幅される可能性があり，金融政策は有効である。

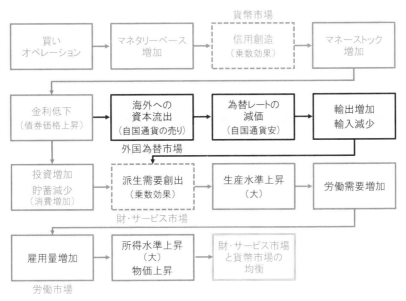

図11-7

- 日本は自由貿易を推進すべきだろうか。(ヒント：比較生産費説，国内産業，国内雇用，消費者，市場規模，ルール形成)
- 日本においては円高と円安のどちらが望ましいだろうか。(ヒント：輸出，輸入，生産者，消費者，旅行者，海外展開，為替差損益，株価)

あとがき

　早いもので，現職で経済学を教え始めて8年目になる。まだまだ良い授業と言うには程遠いと思っているが，毎回の授業で多数の学生から寄せられる反応や質問を手がかりに，毎学期改善を重ねてきた。授業を通じて改善したスライドは本書の図表に，改善したレジュメやQ&Aの説明は本文に活かされている。もし読者にとって前著や本書の説明に分かり易い点があるとしたら，そのような学生達からの反応・質問に負うところが大きい。未だ不十分な点は，当然ながら筆者の責任であり，今後も学生達に気づかされながら改訂していきたい。

　教壇に立てるというのは大変幸せなことで，特に学生と相対する教室という空間はかけがえのないものだと改めて実感させられている。何かを教え学んでもらうときには，ただ情報や知識を伝達するのではなく，大きな間隙を乗り越えて無から有を生み出すような力が必要である。それは教員の力量もさることながら，学生とのリアルな相互作用の中で初めて生み出される力であるように思われる。そのような場をどのように維持していくべきか。きっかけは何であれ経済学に関心を抱いた学生に，できる限りの学びの場と機会を提供し続けなければならない。この基本的な責務に今まで以上の重みと希望とを感じている。

　前著でも述べたことだが，そもそも経済的な事柄に私が関心を抱いたのは，公認会計士である父と税理士である母の影響である。父は顧問先企業のために景気を憂い，常に経済動向を注視し続ける，言わば在野の経済学者でもあった。母は家計と会計事務所の両方を切り盛りし，言わば小さな経済を司っているように見えた。両親には長い学生時代の経済的支援はもちろんのこと，生まれや環境から多くの資質やスキルを授かり，人生や家族について考える力を与えてもらった。両親の仕事を引き継ぐことにはならなかったが，授かったものを別の形で引き継いでいきたいと思っている。

　本書の執筆中にはいつにも増して同居する家族に支えられた。この間に3歳

になった息子は笑顔で私の執筆を妨害すること度々だったが，時折この「絵本」をめくって出来映えをチェックしてくれた。妻も家事・育児の負担が増える中で，日々の執筆に対して理解を示し，原稿にも目を通してくれた。現代家庭の例に漏れず，我が家でも仕事と家庭のトレードオフに日々直面せざるを得ないのだが，どうにか埋め合わせをしたいと思っている。

出版にあたっては，前著に引き続き学文社の編集者である落合絵理氏に大変お世話になった。時折の温かいお声掛けのお陰でこうして書き上げることができ，本書を最良の形で世に出すためにさまざまなお力添えを頂いた。心から感謝申し上げたい。

本書が経済学を学ぶ読者の助けとなり，幾分でも見晴らしの良いところに案内できたならば，筆者としては喜ばしい限りである。

2020年8月

三 上 真 寛

索　引

126

記号一覧

Δ（delta） 変化量，増分

AD（aggregate demand） 総需要

AS（aggregate supply） 総供給

C（consumption） 消費

C（cash currency） 現金通貨（第6章のみ）

c_0（basic consumption） 基礎的消費

c_1（marginal propensity to consume） 限界消費性向

D（deposit currency） 預金通貨（第6章のみ）

E（equilibrium） 均衡

EX（export） 輸出

G（government expenditure） 政府支出

H（monetary base; high-powered money） マネタリーベース

I（investment） 投資

IS（investment-savings） 投資−貯蓄

IM（import） 輸入

k（Marshallian k） マーシャルのk

L（labor） 労働

L^{D}（demand for labor） 労働需要

L^{S}（supply of labor） 労働供給

L_1（transactions demand for money） 取引動機による貨幣需要

L_2（speculative demand for money） 投機的動機による貨幣需要

LM（liquidity preference-money supply） 流動性選好−貨幣供給

M（money stock; quantity of money） マネーストック，貨幣量

M^{D} (demand for money)	貨幣需要
M^{S} (supply of money)	貨幣供給
O (origin)	原点
P (price level)	物価
r (rate of interest)	金利
R (reserve)	預金準備（第6章のみ）
S (savings)	貯蓄
T (tax)	税金
T (transaction volume)	取引量（第10章のみ）
V (velocity of circulation)	流通速度（第10章のみ）
w (wage)	賃金
Y (yield)	所得水準，生産水準，生産額
Y^{D} (demand for goods and services)	財・サービスの需要，総需要
Y^{S} (supply of goods and services)	財・サービスの供給，総供給
$*$ (asterisk; star)	均衡のときの
$\equiv$ (identical to)	恒に等しい

著者紹介

三上　真寛（みかみ・まさひろ）

明治大学経営学部准教授。明治大学経営学部卒業，北海道大学大学院経済学研究科博士後期課程修了，博士（経済学）。
著書に『ミクロ経済学：基礎へのアプローチ』（学文社，2020年），訳書に『経済理論と認知科学：ミクロ的説明』（ドン・ロス著，長尾史郎監訳，学文社，2018年）など。

マクロ経済学：基礎へのアプローチ

2020年 9 月 1 日　第 1 版第 1 刷発行
2020年11月20日　第 1 版第 2 刷発行

著者　　三上　真寛

発行者　田中　千津子

発行所　㈱学文社

〒153-0064　東京都目黒区下目黒 3 - 6 - 1
電話　03（3715）1501 ㈹
FAX 03（3715）2012
https://www.gakubunsha.com

印刷　新灯印刷（株）

ISBN978-4-7620-2935-6